トイレ付き介護マットレスが、
一台も売れない理由。

誰も語りたがらない
ウンチとオシッコの話

勝屋なつみ

目次

はじめに

「寝たきり後の排泄」について
考察することになってしまった顚末。

美女とウンチ――「上の口も、下の口もケアしているの」。

市川卓也さんは、今から七、八年前、仕事で世話になっている人の会食会に招かれた。そこで熟年美女を紹介された。場所は、東京のど真ん中、赤坂の某高級中華料理店。初対面なので市川さんは自分の名刺を差し出し、どんな仕事されているんですか？　と尋ねた。その頃、市川さんはまだ二十代後半の青年で、とある社会福祉団体に勤めていた。

「歯医者です。私は、上の口も下の口も、ケアしているのよ」

〝下の口も〟と美女はサラリと、かなり年下の若者に向い自己紹介した。そして言った。

〝でもね、あなたに話したい話はそんな話じゃないの。私は今ベッドにトイレを付けているんだけれどね、歯っていうのは、ばい菌のあるところを削って水をチャーッとかければいいでしょ。私の今開発しているベッドもそうなの。下からチャーッと水をかければ治るのよ。私は上の口も、下の口も治療しているの〟

市川さんにとって、それは衝撃的出会いだった。

「今も美人ですけど、ほんとうに美人で。そんな美人が、上の口も、下の口も、っておっしゃってね。ええーっ⁉って、ビックリしちゃいました」

その熟年美女が、この本の主人公であるトイレ付き介護マットレスの開発者であり、歯科医の金井純代さんだ。当の金井さんは言う。

「そうそう、私は、その頃すでに、厚生省に頭来ていたからね。〝寝るところと排泄は別、トイレ付きベッドなんて、とんでもない、そんなことしたら寝たきりになる〟とか、つまんないこと言われていたのよ。だから、私にとっては、厚生省も社会福祉団体もへったくれもないの。みーんな一緒なんですよ！」

もうとっくに金井さんの怒りが始まっていた頃の話だ。

「とにかく社会福祉団体ってなんだかわからないけれど、とにかく厚生省の回し者みたいなものだと思ったから、アッタマ来てて、この手の方たちと話すときはツンとしていたの。ご飯もまずくなるって感じだったのっ！」

市川さんの記憶でも、目の前にいる初対面の熟年の美女はツンとしていたらしい。

その話を横で聞きながら、当の会食会の主催者だった対人援助職トレーナーの奥川幸子さんは、お腹を抱えながら笑っている。

「金井さんは、黙っていりゃ品よく見えるのよ。しゃべっちゃうとダメなのよ。ほんとうに困っちゃうのよ。でも、面白い話でしょ、笑っちゃうわよね」

そんな熟年美女の作った介護ベッドの本の話が来た。

時は経ち、一年前のある日、私のところに二十年以上前に取材で知り合った奥川さんから、「介護ベッドの本を書いてくれる人はいない？」という電話がかかってきた。

その介護ベッドはトイレ付きだと言う。開発には二十年以上かかっていると言う。開発者は、七十二歳で、歯医者で、スゴい美人だと言う。昔アントニオ猪木の追っかけを息子連れでやっていて、とてもユニークな魅力的な人だと言う。

そして、このトイレ付き介護ベッドは、まだ一台も売れていないと言う。

何だか面白そうな話だ。その熟年美女が何とかこのベッドを世に出したいと言っているから、そのために本を出したいのだけれど、本人の書く文章では厳しいので誰か代わりに書いてもらえないいか。そういうような話だった。

トイレ付き介護ベッドの開発者が熟年美女で、まだ一台も売れていない……。

最初は軽い好奇心で、会いに行くことにした。その開発者が、冒頭の市川さんが衝撃的な出会いだったと言う熟年美女、金井純代さんだったのだ。

一台も売れていない、穴開きマットレスとの出会い。

その三月の冷たい雨の降る中、初めて金井さんの歯科医院兼会社兼自宅を訪問した。トイレ付き介護ベッドの開発者であり、歯科医である金井さんは、噂通り美人だった。その日の金井さんは、上から下まで黒ずくめのパンツ姿。耳にはキラリと光るダイヤモンドとおぼしきイヤリング。その日はノーメイク、髪は黒く染めているけれど派手ではなく上品で美しい。立ち振る舞い、声の張りなどから見ても、とても七十二歳には見えない。細身でスラリとしていて、身長は百六十七センチもあると言う。

室内には、金井さんの開発したらしい噂のベッドが一台デーンと置かれていた。しかしそれは介護ベッドではなく、『多機能マットレス アリス 凛《りん》』という名のマットレスだった。それも、普通のベッドマットレスの中央に溝のような穴があるだけの実に単純なものだった。

電話で聞いた「トイレ付き介護ベッド」という言葉からイメージしていたものとは、ほど遠かった。開発者の金井さんには失礼だが、ほんとうに驚くほど単純でちゃちに見える、ただの穴開きマットレスだった。

その穴開きマットレスとの出会いによって、私はその後一年以上に及ぶ「寝たきり後の排泄」問題を考察する旅に出ることになった。人生なんて、ほんとうにわからないものだ。

便太郎君と尿子さんの話で始まる『一番読みたくない本』。

金井さんと会ったあとすぐに、当初金井さん自身が本にしようと書いた原稿が、メールで送られて来た。読ませて欲しいと私が頼んだからだ。

本のタイトルは、『一番読みたくない本　オムツの中に垂れ流すことは人間を捨てるのと同じことです』。

おお！　過激なタイトル。そして、本文はこう始まる。

〝皆様お元気にお過ごしでしょうか。それはようございました。

私たちは便太郎と尿子と申します。余りに臭いために嫌われている兄弟です。高齢化社会と云う言葉が出る都度、皆様の頭を必ずよぎり不安材料になっているのに、避け続けられて来ました。もうこれ以上逃げないで直視してください。私達も現状を記しますから、ご一緒に考えてください。………〟

「便太郎」と「尿子」。出だしがこれでは、確かに奥川さんが言うように、本にはなりにくい。しかし、なぜ、あの美女がここまで「便太郎」と「尿子」にこだわるのか。そして、オムツが「悪」であると言い切るのか。とても不思議な気がした。

ここで先に告白しておこうと思う。私はこのときまで、寝たきり後のウンチとオシッコについて、一度も考えたことはなかった。自分の寝たきりになることについても考えたことはなかった。なのに、自分で書いてみようと無謀にも考えた。

知れば知るほど「寝たきり後の排泄」は大変な問題だった。

その理由はいくつかある。まず、金井さんはちゃんとした歯科医なのに、十年以上もかけ、自分のお金を何億円もつぎこみ、ハイテクロボットのようなトイレ付き介護ベッドを開発した。これを販売して好評も得ていたのに、あることがきっかけでこのトイレ付きハイテク介護ベッドをすっぱり捨て、試行錯誤の末、ただ穴が開いているだけのマットレスを一年前に、世に出した。

そのきっかけは「寝たきりになったら、たった数センチでも自分でお尻を動かせなくなる」という、とても意外な事実の発見によるものだった。

また、テレビでは大人用紙オムツの宣伝をバカスカやっているけれど、私はそれまで、紙オムツがそんなに問題があるとは考えていなかった。いや、むしろ寝たきりになったら紙オムツになるだろう、それが当たり前だと思っていたような気がする。しかし、金井さんはこっちが驚くほど、紙オムツを問題視していた。

そのうち、話を聞けば聞くほど、調べれば調べるほど、本を読めば読むほど、私にも「寝たきり後のウンチとオシッコ」には、いろんな問題があることがわかってきた。「寝たきり後のウンチとオシッコ」をどうするかは、自分の問題なのだ。それが、よーくわかった。しかし、ほとんどの人が自分の問題として考えていない。そのことも、よーくわかった。

この本は現代日本における「寝たきり後のウンチとオシッコ」を巡る話だ。お察しの通り、あまり楽しい話ではない。しかし、あなたも、私も、必ず関わる問題だ。いろいろ考察していくうちに、私には新しい発見があった。きっとあなたにも新しい発見があると思う。

なので、顔をしかめずに読んでいただけるとありがたい。

まずは、寝たきりになった人たちのオシッコとウンチがどうなっているか、そんな話から始めたい。たぶん、あなたも想像したことがないだろうから。

第1章

みんなが知らない寝たきり後のオシッコとウンチの話。

金井さんのハイテク介護ベッドは、どんな人が使っていたのか。

金井さんが十年ぐらい前に一度完成させた、トイレ付きハイテク介護ベッド『アリス生活ベッド＋シャワートイレ』の話から始めたい。というのも、このトイレ付きハイテク介護ベッドはとっても高価だったけれど、それなりに当時は売れていたからだ。

「これを長く使っていたリウマチの人は、トイレを出しっ放しで使っていたの」

金井さんは、まずはリウマチの人の話から始めた。

『アリス 生活ベッド＋シャワートイレ』は、セパレートタイプのベッドだ。背を倒してセパレート部分がくっついているとただのベッドだが、背もたれ部分を起こしベッドの足元部分をセパレートにすると椅子になる。

このトイレ付きハイテク介護ベッドの基本の使い方は、排泄したいときにベッドをセパレートにし、背を起こし椅子状態にして、ベッド下に格納していたシャワートイレを上昇させ、そこへ排泄。排泄後お尻を温水で洗浄し、排泄物は一気に吸い取られ、ベッド脇のフタ付きバケツに収納される。すべて電動ボタンを押すだけ。

それは素晴らしい光景だ。昔、ＮＨＫテレビでやっていた英国製人形劇『サンダーバード』の水・陸・空で使用可能なスーパーメカが地下の秘密基地から発進するときのように、シャワートイレは、ウィーンとかすかな音を出しながら上がってくるのだ。

その人は、トイレを上げたまま一日を過ごしていた。

リウマチの八十三歳のおばあさんは、そのベッドを、常時シャワートイレを上げたままで過ごしていた。

「身体全体にリウマチ症状が出ていたの。爪が伸び放題でね。爪切りたくても痛がっていたから、切れないのよ。足が曲がんない人だったので、シャワートイレを出しっ放しで一日過ごすんですよ。パンツをはかないで、トイレ出しっ放し、股を開きっ放しってこと。その上に布団をかけて、その上にテーブルがあって、そこに電話とか、テレビのスイッチとかいろんなものを置いて、一日過ごすのね」

おばあさんの正しい病名は、関節リウマチ。この病気は、本来は細菌やウィルス、腫瘍などから守って排除してくれる免疫機能が、何かの原因で自分自身を攻撃してしまうという自己免疫疾患のひとつだ。主に手足の関節の中にある骨膜細胞がおかされ炎症を起こし、ヒドい痛みが起こり、関節が変形して機能障害が起きる。三十代から四十代の発症が一番多いが、六十代以降の発症も多く、徐々に進行するので老年期に寝たきりになる可能性が高い。また、男性よりも女性に多い病気だ。

その人の場合は、手はかろうじて使うことができた。だから、シャワートイレの電動スイッチを使いこなせたのだ。

リウマチの彼女には、オムツ交換は耐えられなかった。

「ベッドの背もたれは、ある程度の角度に倒していたんじゃないかな。少しもたれる感じで。そのほうが楽だったのね、きっと。それでそのまま排泄していた。全身リウマチの人は、オムツ交換すると、いろいろと身体を動かさないといけないから、痛くってダメなのね。介護している息子が自分では看られないって、私のトイレ付きハイテク介護ベッドが紹介されていた新聞記事を見て、あわててベッドを買いに来たのね」

もちろん、座っていても痛みが消えるわけではない。けれど、一日五～七回のオムツ交換をされるより、ずっと、ずっと、ましなのだ。

「座ったまま排泄できるほうが、いいってことですよ。これだとお尻も洗ってくれるしね。近くに住んでいる息子が、朝来て、お尻まわりを全部掃除して、汚物タンクをトイレに捨てて洗ってね。会社に出かけるまえに、昼の弁当作ってテーブルの上に置いといてね」

日中は、一人でそうやって座ってシャワートイレにまたがったまま過ごす。気分のいいときは、テレビを見たり、友だちに電話をしたりもしていた。夕方には、息子の家族が夕食を作って持ってきてくれる。彼女の場合は、手が使えるので、こういった生活を自宅で、それも一人で送ることができたのだ。

そんな状態ならば入院すればいいじゃないかと言う人もいたという。しかし、当の本人は、こう言ったそうだ。

〝寝たきりでいるだけでも痛くて辛いのに、病院にいると看護師さんにいちいち気をつかいながら過ごさなければならないので、それが精神的に苦痛でほんとうにイヤだった〟

彼女にとっては、リウマチの痛みもあったが、入院して人にオムツにされるより、自宅で、誰にも気を使わずに自分一人で過ごし、自分で排泄するほうがよかったのだろう。

金井さんが見た、いろいろな在宅での排泄ケアの工夫。

他にも紹介記事を読んだ人たちが、金井さんのところに電話をかけてきた。

「一番先に電話がかかってくるのは、まず家族なんですよ。もうそれこそ、動転、狼狽、どうしよう！　という声でかかってくるの。それは失禁されちゃったからなのね。要はトイレに行く前に間に合わないから、寝床でしちゃうの。だから、寝床をトイレの近くに持っていこうと思うのだけれど、家がそういう構造にできていないからできない、と。だから寝床に一番近いトイレは、当時はあのベッドでしょ。ということで、電話がかかって来るの。私は、日本中、訪ねましたよ。在宅で介護しているところへ。あとで使えないからと、返してもらっても困るからね」

トイレ付きハイテク介護ベッドの注文が来ると、金井さんはすぐに依頼者のところへ訪ねて行き、ほんとうにこのベッドが使えるかを必ず確認することにしていた。

訪問先で、いろんな理由でオムツにしない人の、できない人の、たくさんの排泄ケアの工夫を見た。家族も本人も、寝たきりになってしまったあとの排泄問題で困っていたのだ。

おじいさんは妻のために、スタンド型の灰皿を改良した。

「例えばね、そこの家は、じいさんがばあさんを介護していたんだけれどね。ばあさんが寝ているベッドの端に、一本足の灰皿を立てかけて、それを土台にしてその上にブリキの缶を置いてあげて、その中に排泄するようにしているの」

最近はあまり見なくなったが、バス停や公共施設によく置かれていた一本足の上部に丸い灰皿がついているスタンド型の灰皿だ。あの上に、四角いブリキ缶をくっつけて、ベッドの端に立てかけ、おばあさんをベッドの端に座らせて、そこへ排泄させていたのだ。ブリキ缶が落ちてしまわないのだろうか？　灰皿が倒れたりしないのだろうか？

「どういうふうにしたか知らないけれど、一本足の灰皿を台に使って、その上に箱を乗っけて、そこでやらせているのよ。私も、これ、一本足で怖いじゃないですか、って言ったら、じいさんが、俺がこっちから支えていれば、何てこと無いんだよ、って言うのよ」

ブリキ缶を何らかの方法で上部に固定して、灰皿の足元をおじいさんが支えているわけだ。おそらく、おじいさんは、おばあさんの排泄が終わるまで、じっと待って、支えているのだろう。想像するだけでも、なんだかとっても心温まるいい話だ。

新聞紙で作った箱、古い布団のオムツパッドなどもあった。

「在宅介護って、その家なりの知恵が必ずあるんですよ。それぞれ違う。何枚かの新聞紙にビニールを挟んで、それを折って箱に組んで、トイレだよ、っていう人もいたしね。見事ですよ」

確かに、新聞紙ならば、すぐにたくさん手に入るし、オマル——差し込み便器のようにお尻に縁が当たって痛いということもない。なかなかいいアイディアだ。

古い布団を切り、腰回りのところに敷き、尿取りパッドのように使っていた家もあった。

「昔はね青梅綿《おうめわた》っていってね、今の布団と違って、綿だから結構びっしり詰まっているんですよ。それを切ってベッドパッド式に敷いていた。使ったあとは捨てたんだろうねえ」

布団がとにかく重くて、ぎっしり布団綿が詰まっていた時代の話だ。

認知症のおばあさんは、夫であるおじいさんが手をつなぎ一緒にトイレに行ってくれれば、排泄することができた。けれど、おじいさんがいないと大騒ぎしたという。美しき夫婦愛だ。

寝たきりじゃなくても、オマルを愛用していた作家夫人。

「うちの家の近くに住んでいた作家の奥さんなんて、元気なうちから寝床の枕元にオマルを置いておいたのよ。私言ったわよ、トイレへ行けばいいじゃないって。そしたら、トイレが遠くて寒いから、私はここでやるのよ、って。夜はそこでするのよ、って」

金井さんの友人であるその彼女は、オマルにきれいな鹿《か》の子のカバーをして、他の人が見たら何だかわからないような工夫はしていた。

「病気じゃないのよ。寝たきりでもない。高級ホテルに行って私と食事をするのが、彼女の唯一のストレス発散だったからね。でも、夜は、寝室でやる、って言うのよ。眠いし、遠いし。それで、何もトイレでやるものじゃないでしょ、って言って。私はね、あとで、掃除しなきゃなんないじゃないの、って言ったの。でも、彼女は、何もトイレに行かなくても、用が足せればいいんでしょ、って。彼女は、元気なうちから、それをやっていたんだけれど、ガンで長患いしないで逝っちゃった。昔は、みんな元気なときから、オマルとか洗面器とか、ベッドのところに置いておきましたよ。そういう人は、ずいぶんいた」

記憶を辿ると、私の生家にも尿瓶があった。

この話を聞いて思い出した。

生きていれば百二十歳は越えているだろう私の祖父は、割に早いうちから、寝るとき枕元にガラス製の尿瓶《しびん》を置いていた記憶がある。私は小学生だったから、祖父は七十代後半だろうか。まだ、寝たきりにはなっていなかった。仕事もしていた。けれど、夜は尿瓶を使っていたのだろう。昼間は、尿瓶は空っぽになって、トイレの隅に置かれていたから。

祖母か本人が、朝、トイレに流し、洗って乾かしていたのだろう。よく考えてみると尿瓶というのは、四十年前には当たり前に、老人のいる家にはあったように思う。

「老後の準備だけじゃなくて、ときどきトイレに行くのが面倒臭くなることも、あるんじゃない。私だって疲れちゃったときは、トイレに行きたいんだけど、行くのが面倒くさいって思うことあるもの。年だからよ。そして、いずれはこのことに突き当たるだろうってこともわかるんですよ。だいたい六十代からよ、そう思うのは。だって、風邪引いて熱出したときに、トイレに行ってヨタヨタするのが怖いから、いつ何時でも置いておいたのよ」

金井さんが言うように、昔は、生活の中に、寝床の側に、尿瓶やオマルが自然にあった。寝たきりになっても、金井さんが見て来たような、さまざまな工夫もあったのだ。

現代日本では寝たきりになったら、あなたも私も紙オムツ。

さて、ここであなたに問いたい。

もし、あなたが将来、寝たきりになってトイレに行きたくなったとき、どうケアされるか、想像したことがあるだろうか。

そして、もし、あなたが将来、寝たきりになったら、あなた自身はトイレをどうしたいのか、考えたことがあるだろうか。

今の日本の介護の現状だと、あなたは紙オムツに排泄することになるだろう。ウンチも、オシッコも。家族なのか、介護ヘルパーなのか、看護師なのかはわからないけれど、誰かの手によって、オムツ交換されることになる。断言はできないけれど、そうなる可能性がとても高い。

もちろん、紙オムツで十分、紙オムツが当たり前、と言う人もいるだろう。中には紙オムツほうが断然いい、と言う人もいるかもしれない。

しかし、絶対に紙オムツはイヤだ！　と、寝たきり後の自分の排泄にこだわりを持つ人もいるはずだ。

なにせ、ウンチ、オシッコの話しだ。毎日、毎日、何回もしなくては人間は生きていけない、それでいて人には見られたくない、恥ずかしい行為だ。赤ちゃんならまだしも、〝大人になってまでオムツなんて、とんでもない！〟、そう思う人は必ずいるはずだ。

そんな人たちは、日本のこの現状の中で、さて、一体どうすればいいのか……。

そこで登場するのが、美人歯科医の金井さんが二十年以上かけて開発した、それもまだ一台も売れていない穴の開いたマットレスなのである。

第2章

「オムツ一辺倒の日本の老人介護に排泄革命を！」

これが、美人歯科医の夢。

まだ一台も売れていない、トイレ付きマットレスとは？

金井さんは、寝たきりになっても、便意や尿意があれば、オムツをしなくても自分で排泄・処理ができる穴開きマットレスを、試行錯誤の末、一年前に世に出した。

トイレまで自力で行けなくなっても、あなたがしたいときにウンチやオシッコができる。それでいてオムツと違い、あなたのお尻は、あなたの出した汚物に直にまみれたままにならずにすむ。そして、自分で汚物を処理することもできる。電動式介護ベッドのマットレスとして使えば、トイレ付き介護ベッドにもなるのだ。値段もそんなに高くない。

その素晴らしい穴開きマットレスの名は、『多機能マットレス アリス 凛』だ。

普通のマットレスとしても、オムツとしても、トイレとしても、何通りも使えるという優れものらしい。寝たまま排泄できるだけではなく、お尻の洗浄だってできるらしい。

ところが、そのマットレスは発売して一年経つのに、まだ一台も売れていない。

金井さんが、自分の母親の在宅介護と看取り体験から思い立ち、二十年以上かけ、お金もたくさんかけ、排泄に悩む寝たきりの老人のために、そして介護する人たちのために、考え抜いて、考え抜いて、やっと作り上げた、工夫満載のマットレスだ。

なのに、まったく売れない、まったく理解されない。それゆえに、寝たきり排泄介護でほんとうに困っている人たちは、このマットレスの存在すら知らない。当然『凛』は売れない。

『凛』が、人生唯一の挫折⁉

金井さんは、東京・四谷でずっと自由診療の歯科医院を営んできた。父親も、著名人を患者に持つ自由診療の歯科医だった。夫は脳外科医、八王子で救急指定の脳外科病院を開業している。一人息子も医者。見事な医者一族だ。

それだけではない。前にも書いたが、宝塚の男役出身と言っても誰も疑わないだろうその美貌。世間の同年代の女性たちの体型からほど遠く、スラリとしていて、七十二歳という年齢を

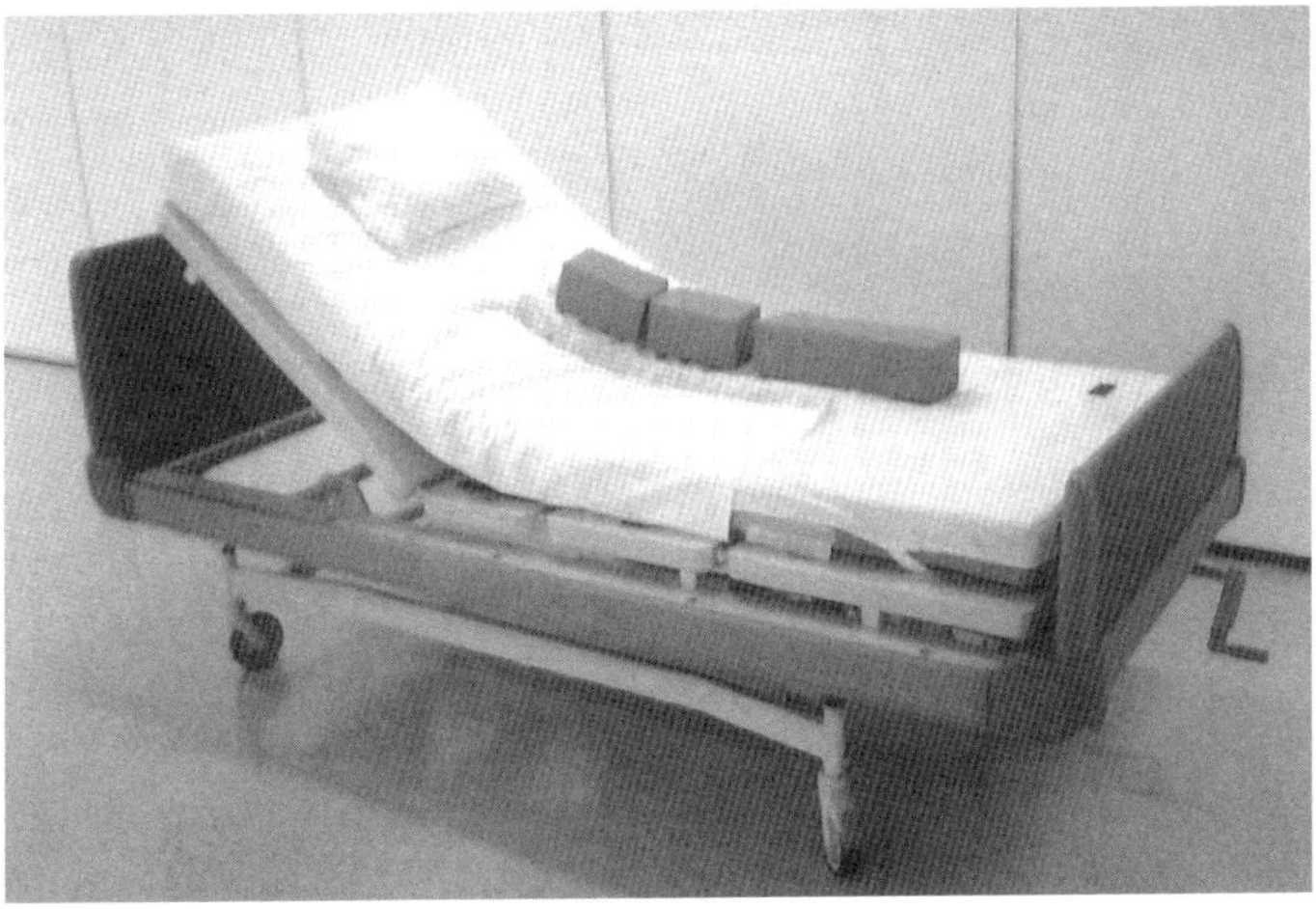

『多機能マットレス アリス 凛』。普通の介護用ベッドのマットレスとして使える。

まったく感じさせない。

そして、金井さんは、老人介護ベッド製作・販売会社、アリスベッドの代表だ。実業家でもあり、介護ベッドの開発者でもあるのだ。

金井さんは、ほとんどの人が手に入れられないものを、すべて手に入れているように見える。羨ましいくらいだ。そんな金井さんは言う。

「私の人生の中で思い通りにならなかったのは、このマットレスだけね」

金井さんはこのマットレスを世の中に広めるために、できる限りのことをしてきた。厚生労働省や東京都の関係部署に自ら出向いて、介護保険を適用してもらえるように一所懸命説得した。介護の現場の人たちに理解してもらうことが大事だろうと、ケアマネージャーや看護師に、いかに必要なものかを説明しにも行った。あらゆる手を尽くして、国会議員にも会った。日本医師会にも掛け合った。いくつもの新聞社や出版社に働きかけ、実際に取材にも来てもらった。けれど、まったく理解されないし、取り上げてもらえない。

だから、この穴開きマットレスが世の中に正しく理解され、認知されないこと、これだけが金井さんの七十二年間の人生における唯一の「挫折」だと言うのだ。

口癖は〝オムツにされるなら死んだほうがまし〟。

金井さんはこのマットレスを世に出して、寝たきりになったら紙オムツという日本の老人介護の世界に〝排泄革命を起こしたい！〟と、本気で考えている。それも二十年以上、ずーっと。逆にいえば日本の老人介護が、金井さんの望む方向に変わっていないという証でもある。

「なんで紙オムツしないといけないのか、っていうことよ。オムツしなくたっていいじゃない。私は、最期まで管理されたくないの！　オムツにされるんなら、死んだほうがまし」

これが、金井さんの口癖だ。この意見に賛同する人たちは、たくさんいるはずだ。特に自分の「老い」を実感し始めた人たちの多くは、同意見だと言うに違いない。

〝オムツなんて、したくない！　されたくない！〟

それでも、このマットレスは、まだ一台も売れていない。それは、なぜなのだろうか。

幅十二センチ、深さ十センチ、長さ八十センチの「穴」。これが鍵。

『多機能マットトレス アリス 凛』を紹介しよう。見た目は、ごく普通のベッド用マットトレス。

マットレスはウレタン製で、身体の自由が利かなくなった人が座ったり、立ったりしやすいように、そしてお尻が沈まないように、クッションはかなり堅めだ。

マットレスの中央には、幅十二センチ、深さ十センチ、長さ八十センチの「穴」――溝がある。「穴」には長さの違う三つのフタがあり、フタをしているときは普通のマットレスだ。金井さんが試行錯誤した末に、この形、大きさになった、この「穴」が『凛』の最大特長だ。「穴」は取り外し可能な分厚いビニールで覆われている。自力でトイレに行けなくなったら、フタを取り、「穴」を出現させればいい。この「穴」が、トイレとなり、紙オムツの代わりになり、汚物で汚れたお尻を洗うための洗い場になる。

もう少し詳しく説明しよう。老いて、寝床にいる時間が長くなったとする。最初は、よっこらしょと起き上がり、なんとか自力でトイレに行くだろう。堅めのこのマットレスが、自分で身体を起こすのに役にたつだろう。そのうち、足が弱くなって歩くこともままならなくなると、寝床の脇に置かれた、ポータブルトイレを使うことになる。

お次ぎは失禁だ。急にトイレに行きたくなったりしたときに、高齢者はポータブルトイレにも辿り着けなくて寝床に失禁してしまう。そのとき、フタを取り「穴」を開ける。

「年とったらねえ、ベッドとトイレの距離をどんどん短くしないと間に合わなくなるのよ」

金井さんは力説する。そう、距離なのだ。

寝床とトイレの距離ゼロメートルの『凛』。

金井さんは分厚いビニールや表が綿、裏がビニールの吸水・防水シーツで、その「穴」をしっかり防水した。寝床とトイレの距離がゼロメートル。それが『凛』だ。

あなたがうっかり漏らしても、「穴」に尿とりパッドやタオルを敷いておけば、それらがしっかり受け止めてくれるのだ。

オマルだと漏れてしまうこともあるし、差し込むためにお尻を浮かせなくてはならない。また、老いてやせ細った身体には、オマルの縁が当たり、たいそう痛い。

しかし、「穴」なら横漏れの心配も無いし、お尻を浮かせる必要も無いし、縁が当たる心配も無い。

そして、オシッコやウンチのあと、ただれないようにお尻をきれいに洗浄しようとすると、普通の平らなベッドだと水の取り扱いが難しい。

ところが『凛』は穴が開いているので、そこに洗浄した水を流し込めばいいのだ。そのためにも、何重もの防水・吸水の工夫がなされている。

そう、金井さんは「穴」を開発したのだ。

「穴」だけでない金井さんの工夫の数々。

まず、綿百％のタオル地でできた『股あきパジャマ　アリス 開《かい》』。パジャマのズボンの上にスカートのような布がついていて、ズボンのお尻部分はパッカリと割れるように穴が開いている。突然オシッコしたくなったときに、ズボンを下ろす必要はない。そのまま、ズボンの割れ目からお尻を出せば排泄できる。それでいて、ズボンの上のスカートのおかげで、まわりからお尻が見えないようになっている。色は、汚れが目立たないモスグリーン。実にきめ細かい女性らしい工夫だ。

「吸水・防水横シーツ」にも工夫がある。このタイプのシーツは寝たきり介護現場でよく使われているが、金井さんの横シーツは一般のものより長く、お尻全体をくるめるようになっている。失敗してしまったときにお尻をくるんで、そのままお風呂に運び、洗ってあげたいという金井さんの熱い思いが込められているのだ。

これらが金井さんが考えに考え抜いて生み出した「寝たきり後排泄用福祉用具」だ。『多機能マットレス　アリス 凛』の詳しい内容は二一六ページから六ページも使って、イラスト入りで詳しく紹介した。興味がある方は、ぜひ読んでみて欲しい。

第3章

まだ一台も売れていない多機能マットレスの完成秘話は、とてつもなくおもしろい。

きっかけは友だち。〝一緒に介護用トイレを作ろう！〟

二十年以上前、最初作ろうとしたのは、介護用トイレだった。

ある日、仲間でお金を出し合って一緒に作ろうと、友だちが言い出したのだ。

金井さんも賛同する。糖尿病で亡くなった母親を在宅で介護した経験から、排泄がいかに人間にとって大切なものかを感じていたからだ。

開発スタート当初から、金井さんの思いはただひとつ。

〝普通の人には、温水洗浄便座というハイテクな最高なトイレがあるというのに、老いて、病んで、自分でトイレに行けない老人には紙オムツなんて、貧しすぎるじゃないか。寝たきり老人のために、ハイテクな温水洗浄便座のようなトイレを作ろう！〟

開発メンバーの中で、金井さんだけが歯科医だった。

「歯科の機械というのは、洗浄からバキュームまでみんなあるんです。それで私にはノウハウというか、こういうものを作ればいいというイメージがあったの。虫歯に一直線で水を入れたら、冷たいのは当たり前よね、圧がかかるから。だから歯科の機械は、エアを入れながら温水で洗浄するようになっているの。虫歯を刺激しないようにね。だから陰部の洗浄もそれと同じ、バキュームもそれと同じだろうと。歯科の機械を真似すれば簡単にできると思っていたの」

歯科の機械のようにすれば、敏感なところを刺激しないで、やさしく洗浄・バキュームできるはずだと、金井さんは考えたのだ。

上の口をケアしていたから、下の口のケアを金井さんは、イメージできたのだ。

介護用トイレが、トイレ付き介護ベッドに変わった理由。

しかし、やろうよと言っていた友人たちは、言うだけで何もやらない、動かない。そして、歯科の機械も知らない。イメージも何もないから、出て来るアイディアは素っ頓狂な話ばかり。

金井さんは、遅々として進まない状況に、頭に来て、啖呵を切った。

〝じゃあ、私がやるからっ！〟

決して喧嘩したわけではないけれど、他のみんなは、いなくなった。

同じ頃、金井さんが、『東京都老人総合研究所編　中高年と健康――尿失禁の原因と対策』（東京科学同人刊）という冊子を読んでいたら、とんでもないことが書いてあった。

東京都老人総合研究所で訪問看護を始めたことで有名な鎌田ケイ子さん（現・NPO法人　全国高齢者ケア協会理事長）が書いた、尿失禁の対応とケアについての文章だった。

そこには〝オムツになるきっかけはトイレまで、間に合わないから〟とあった。

えっ？　尿意も便意もあるのに、間に合わないという理由だけで、オムツにされちゃうの？　と、金井さんは驚いた。

そんなのヒドいじゃないか！　とんでもないことじゃないか！　と、金井さんは怒った。

それならば、トイレと寝床を一緒にすればいい。寝たまま排泄できるトイレ付き介護ベッドを作ろう！　と、金井さんは強く決意する。

ここでも、金井さんのこだわりは介護ベッドではなく、オムツの代わりになるトイレだった。金井さんにとっての最大の問題は、とにかく「排泄」なのだ。トイレなのだ。ウンチとオシッコなのだ。

とことん研究、調査した。ウンチをいちごパックで計量した。

「初めはね、昭和の最後の頃かしら。毎日、いちごパックでウンチやオシッコの量を量り、オシッコの出るときの角度や方向を調べてね」

あのスーパーなどでいちごを売るときに使っている、透明のプラスティック製パックだ。そこにてんこ盛りにされたウンチをイメージすると、ちょっと笑える。

尿道口と肛門の間の寸法を測ったり、オシッコの排泄時の年齢別のカーブを計測したりもした。よく、そんなところを計測させてくれる人たちがいるもんだなあと、思わず感心してしまうのだが、金井さんはそんなことにはひるまない。

とことん計測、とことん調査、とことん研究が大切だと考えたからだ。そうやって、たくさんの排泄データを蓄積した。

「尿道、肛門の位置とか、寸法まで測ったのも、そんなことは、解剖学の本にも出ていないのよ。とにかく科学的に作ろうと思ったの。それが私の医療人としてのプライドなのよ」

尾てい骨のサイズも、トイレを作るには欠かせないデータだ。しかし、どう計測したらいいのか、金井さんも、最初は皆目見当がつかなかった。どうやれば正確に測れるだろうと悩んでいたら、ある日、ビニールクッションシートの椅子に座るとお尻の跡がくっきりと残ることに気づいた。

そうだ！　ビニールクッションシートの椅子に座ってもらえば、魚拓みたいに尾てい骨の形がそのまま手に入るのだ。そうやって、尾てい骨のサイズのデータもたくさん集めた。

金井さんは、真面目に、頑張った。金儲けのためなんて言われたくないと、頑張った。

目指すのは、最小にして最高の便器だった。

ベッドという限られた空間で、自力でトイレに行けなくなった人のための最小にして最高の便器を目指した。

「〝お前の母さん、こんな変なものを作ったんだ〟と息子が他人に言われないようにしようと、頑張っちゃったわけよ。それに歯医者でしょ。きれいにした手を患者の口に突っ込む人が、お尻のことをやるんだから、いい加減なものを作ったらみっともないなと思ったの」

トイレの石膏型をいくつも作り、試した。排泄物が飛び散らないように、脚の付根の鼠《そ》蹊《けい》部《ぶ》にぴったり合うような金隠しを独自に設計したのだ。金隠しの見た目は白鳥の首のように細く長く伸びた形状をしていて、股で挟むようになっている。股で便器を挟んでしまえば、飛び散る心配がないのだ。

お尻をやさしく洗うための温水シャワー付き、ウンチやオシッコをすぐに吸い取るバキューム付き。汚物の防臭対策もしっかり考えた。開発費には、糸目をつけなかった。

「スゴくつぎ込んでいますよ。当時は何にもわかんないから。設計料が何千万、試作料がいくら、気に入らないからこれやめてちょうだいと言うと、いくら。いいお客さんよ。今思えば、ふざけんじゃないよっ！　と思うわ。だけど、お金があったんだよねぇ。銀行が貸すのよ」

時はバブル。都心に医院を持つ歯科開業医だというだけで、銀行はいくらでも貸してくれた。金井さんは、そのお金でマンションや不動産だって買ったが、トイレ付き介護ベッドの開発費にどんどんつぎ込んだ。その額は億を軽く超えているという。

そんなこんなを経て、第一号トイレ付きハイテク介護ベッド『ドクター・アリス』が完成する。

初号機は、ベッドの真ん中の穴から便器が出るタイプ。

『ドクター・アリス』は、ベッドの真ん中に穴が開いていて、その穴の中に電動式の特製便器が格納されていた。

使い方は、トイレをしたいなと思ったらベッドの背を上げ好きな角度にして、座る姿勢にする。その後、トイレの昇降スイッチを押して便器を上げ、足の付根を白鳥の首のように伸びた金隠しにぴったりあて、排泄すればいいのだ。

あとは、誰もが知っている温水洗浄便座とほぼ同じ。洗浄スイッチを押すと温水が出てやさしくお尻を洗浄してくれる。排泄されたオシッコやウンチはあっという間に、真空ポンプ方式で汚物タンクに吸引してくれる。ベッドサイドに置かれたピカピカのステンレス製の汚物タンクは密閉式で、臭うこともない。この汚物タンクは、一日一回、介護者が、トイレに捨てに行けばいい。介護者の汚物処理は、基本は一日一回でいいのだ。

これなら、大丈夫！と金井さんは確信した。そして、一九九五年二月販売開始。いろんな新聞社が取材に来て、紹介記事を書いてくれた。

発売当初は、メディアの注目を浴び大評判だった。

当時、紹介された新聞記事には、〝スペースシャトルと同じ真空吸引とトイレ付きベッド〟、〝リモコンで霧状の水が洗う〟、〝寝たきりでも自分で使えます〟、〝トイレ付きベッド〟「人間の尊厳」を生かす〟などの言葉が並ぶ。

朝日新聞の医療関係で第一人者と言われている記者は、〝これからは、老人介護の世界では、こういうトイレ付き介護ベッドが必要になる。それと同時に、ロボットがご飯を食べさせるようになる〟と派手に紹介してくれた。

「当時は介護といえば、すぐに新聞に出してくれたのよ、今は、介護っていってもなかな

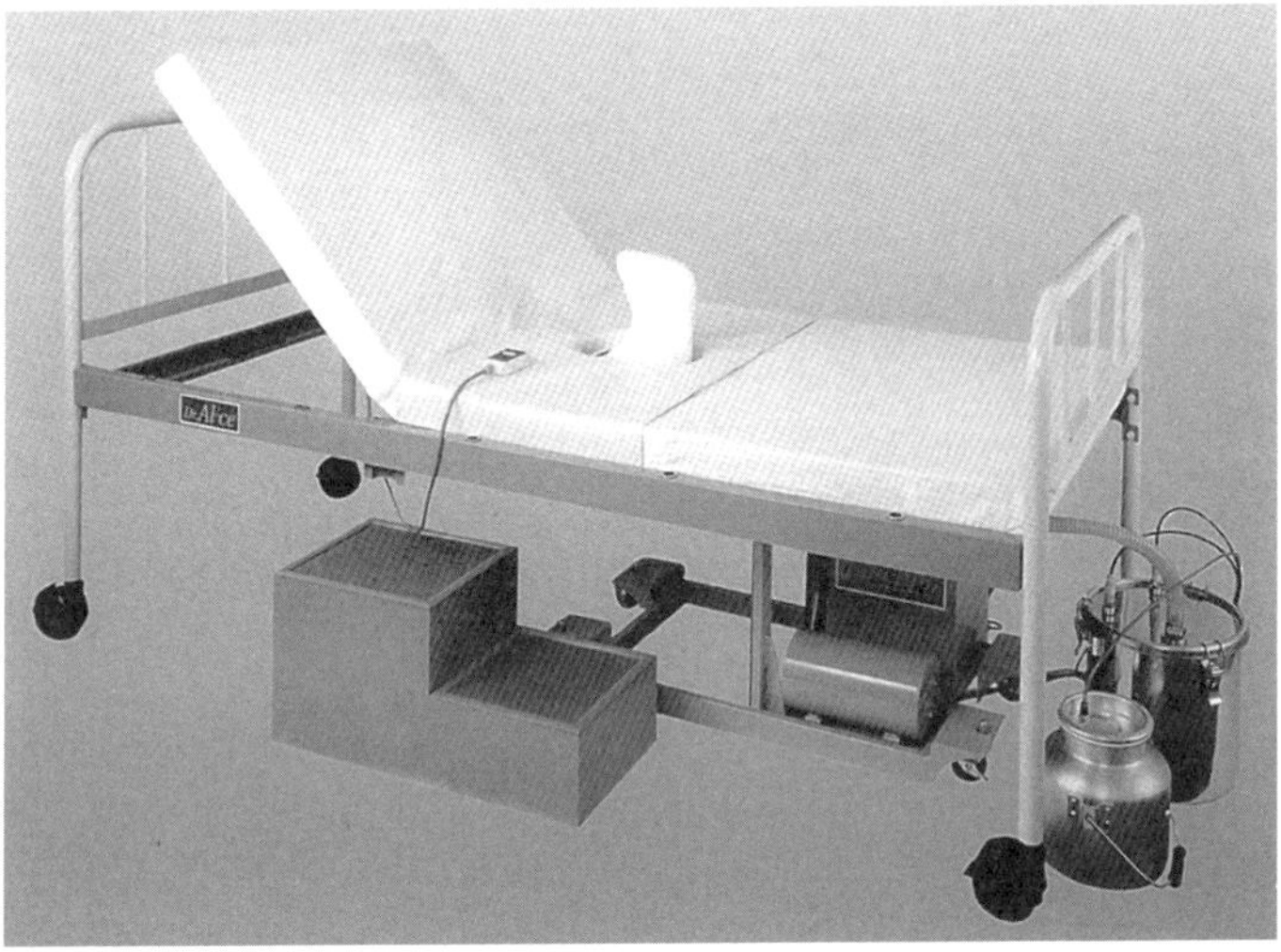

第1号機の『ドクター・アリス』。高さがあったため、階段付きだった。

か出してくれないけど。それで全国から問い合わせが来て、売れてねえ」

当時でなんと一台百二十万円。

それでも売れた。

「札束を叩き付けて買いにきたのよ、みんな」

つぎ込んだ莫大な開発費を取り戻すほどではなかったが、ばんばん売れた。

〝寝たきりになって、紙オムツになるのがイヤ。排泄だけは、自分でコントロールしたい〟

金井さんと同じことを考える人たちは、確かにいたのだ。

しかし、金井さんは、これくらいでは満足しなかった。

完璧なトイレ付きハイテク介護ベッド完成！

金井さんのベッドを購入した施設の看護師や介護士たちが、文句をつけてきた。〝こんな背の高いベッドじゃ患者さんが転んじゃう〟、〝ウンチはちゃんと足を地面につけて座らないと出ない〟などなど。

金井さんは、謙虚にその意見を取り入れた。そこが金井さんの偉いところだ。

ベッドの高さを下げるのには、ほんとうに苦労した。ベッド下に特製便器を格納しないといけないので、どうしても高くなってしまうのだ。飛び散ったりしないように、足の付根にぴったり合うように設計した特製金隠しの便器だ。その便器の最大の特長である金隠し部分の高さを、ギリギリまで低くしなければならなかった。

また、ちゃんと足を床につけて座って排泄できるように、ベッド脇に設置できる椅子式のシャワートイレを作ったり、ベッド自体をセパレートタイプにしたりした。

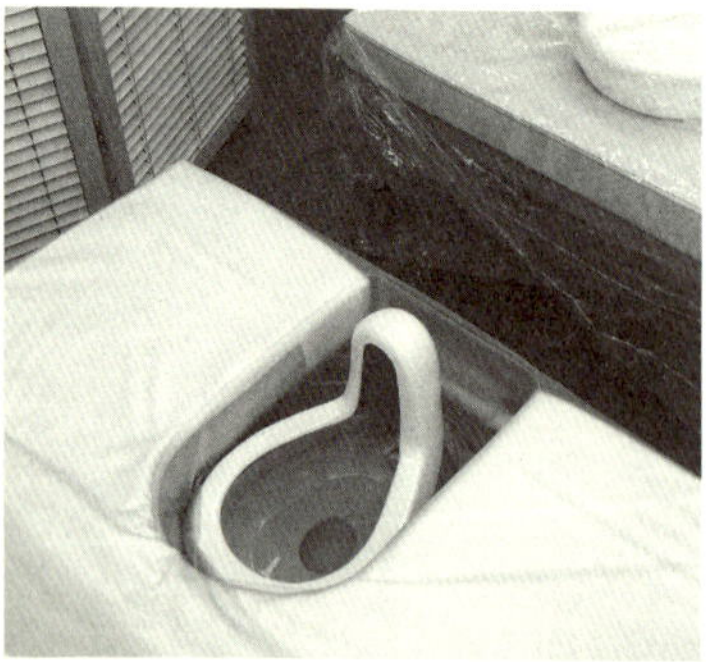

金隠しの部分がコンパクトになった『アリス生活ベッド』のシャワートイレ。

そうやって、たった一年間で、二号機、三号機、四号機と新機種を次々に出した。

「それでやっと、どんな人が使っても大丈夫な、ベッドにいながら、座って排泄できる完璧な便器を、完成させたの。十数年かかったの」

第1章で紹介した金井さんが夢にまで見た、いろいろな特製トイレが付けられるセパレートタイプの介護ベッド『アリス生活ベッド』だ。人が寝たきりになってしまう事情は、それぞれ違う。介護環境も違う。なので、トイレは使う人のそれぞれの事情に合わせて選べるようにイージーオーダーにした。

基本形は『アリス生活ベッド+シャワートイレ』。このシャワートイレは電動式。他にベッド脇に設置できる可動式トイレ、マット埋め込み式トイレと、至れり尽くせりなのだ。

バブルが弾け、軍資金がなくなり、破産の危機に。

ところが、バブルは数年前にとっくに弾けていた。ほんとうならば値段を上げないと経営はやっていけないのだが、金井さんは『アリス生活ベッド+シャワートイレ』の価格を一号機の『ドクター・アリス』と同じ百二十万円で販売した（ちなみに二〇一〇年現在は、百六十三万四千二百円で注文販売している）。

ベッドは一応、売れていた。しかし、量産できるものではなかったし、開発費に莫大なお金をかけたので、この値段ではまったく儲からなかった。

バブル時代にバンバンお金を貸してくれた銀行が、〝お金を返せ！〟と言ってきていた。歯医者は、自己破産もできない。歯科医免許という確実に稼ぐ能力があるのだから、働いて返せ、ということなのだ。自宅以外の持っていたマンションや不動産をみんな処分した。銀行の本店にも自ら出向いて、〝あんたたちが、勝手に担保設定して、たくさん貸したんじゃない。何とかしてよっ！〟と、ガンガン掛け合った。

「それまでまったくお付き合いのなかった、差し押さえ、競売、内容証明、破産、民事再生法、供託なんていう言葉を知ったわ。とにかく、家や病院や、いろんなものを守らなきゃって、一心よ。勉強したわよ。闘ったわよ」

同じ頃、介護の世界も急転回。リハ全盛の到来。

同じ頃、金井さんが思うのとは違う方向で、日本の老人介護は〝オムツ外し〟が進んでいた。一九九四年に、厚生省から「新寝たきりゼロ作戦」が打ち出されていたからだ。一九八九年に策定された「ゴールドプラン――高齢者保健福祉推進十ヵ年戦略」の施策の一つ、「寝たきりゼロへの十ヵ条」を発展させたものだ。理由は単純、このままだと二〇〇〇年には、寝たきり人口が百万人に達すると予測されたからだ。それじゃあ、介護に手がかかるし、医療費も膨大になって大変なことになるじゃないか、ということだ。

寝たきりにならないため、させないための、リハビリテーション全盛時代の到来だった。おかげで、トイレ付きハイテク介護ベッドは悪者扱いされるようになる。ベッドに居ながら排泄なんて、寝たきりを増やすだけと非難する専門家やジャーナリストまで現れた。

「お偉いさんたちがみんな口を揃えて言った台詞は〝寝るところと排泄するところは別。一緒じゃ、リハビリにならない〟よ」

お金もすっかりなくなった。商品としても、やっと完成品ができたと言うのに、世の中から批判されるようになった。踏んだり蹴ったりだ。

普通の人だったらまず間違いなく、ここで介護ベッドの開発をあきらめるだろう。しかし、決してあきらめない。そこが、金井さんがそんじょそこらの人と違うところだ。

「だって、もうとにかく、作りたかったんだよねえ。赤ちゃんだって、オシッコしたくなったら、泣くじゃない。なんで年をとったら、人間って泣かないの？　紙オムツで我慢するの？　我慢しなくちゃいけないの？」

金井さんは思う。リハビリで完全に寝たきりを無くすことなんて、絶対に無理。だって、人は、必ず死ぬ。どんなにリハビリして頑張っても、人は最終的には、寝たきりになるじゃないか。その最期の最期、人間の行き着く先は、紙オムツなの？

金井さんにとっては、そんなのまっぴらご免なのだ。

完璧ではなかったトイレ付きハイテク介護ベッド。

「それがねえ、『アリス生活ベッド＋シャワートイレ』は、完璧だと思ったけれど、ダメだった。二〜三センチお尻がずれただけで、ダメなの。お尻が、そこまで自分で動かせない。そんな大切なことがわかるまで、二十年かかったの」

ある日、金井さんのトイレ付きハイテク介護ベッドを使っているおばあさんから、何とかならないかという相談があった。クレームではなく、むしろ哀願のような要望だった。

〝そこにいくまでに、漏れちゃうんです〟

「自分のプライドをかけて作ったものが、ダメだったの。股の付根をぴたっとあわせれば漏れないのね。その人は、他人にやってもらえるときはいいんだけれど、自分ひとりでそこまで行けなくなっちゃった、って言うのね。それでやっと、お年寄りがお尻の位置をそこに持ってくるのが、どんな大変なことなのかっていうのがわかった。たった数センチなんだけどね」

『アリス生活ベッド＋シャワートイレ』は、前にも説明したように、電動でベッド下に格納されたシャワートイレがお尻のところに上がってくる。しかし、最後は、自分でお尻を動かして、もしくは誰かに動かしてもらって、脚の付根である鼠蹊部をトイレの金隠しにぴったり合わせる必要がある。その距離はたったの数センチ。その数センチが寝たきりの老人にとって、重大な問題だった。

お尻がどこにあっても排泄できるマットレスの誕生!!

人間というものは、実に微妙で繊細な生き物なのだ。年をとると、若い人には想像もつかないことが、次々と起こる。昨日まで出来ていた事が、出来なくなる。ちょっと病気をして寝ていただけで、病気のほうは治っても、以前のように身体を動かせなくなる。それが、老いるということだ。

このことに気づいたときは、さすがの金井さんも、落ち込んだ。ちょっとだけあきらめかけた。〝もう、このままでいいか〟とも思った。

しかし、少し経ったある日、今度は、そのトイレ付きハイテク介護ベッドを買いたいという、老婦人から電話がかかって来た。

「十年前の新聞記事を頼りに、電話をかけてきたのね。話を聞くと、ベッドの上からの電話なの」

ベッドで寝たきりになっている老婦人は、涙声で訴えた。

〝お願い、そのベッドを使いたいの。何とかしてください〟

「でもね、その人の状態を聞くと、使えないの。あなたの今の状況では、使えない。このベッドは、お尻を十センチご自分で動かせないと使えないんです、と答えるしかなかった。あんなカッコいいのを作ったけど、最終的にはもうひとつ作んなきゃいけなくなったのよね」

何億円もかけて作ったトイレ付きハイテク介護ベッドを、きっぱり金井さんは自分の頭の中から切り捨てた。江戸っ子である。潔いのが、身上だ。

目指すは、〝お尻がどこにあっても、排泄できるベッド〟、〝お尻を動かせなくても、排泄できるベッド〟。

それが、『多機能マットレス アリス 凛』だった。単純素朴な穴開きマットレス『凛』。

金井さんが、ここに行き着くまで、二十二年かかったのだ。

第4章

寝たきりになったら
リハビリか、オムツか。

選択肢は、
それしかないの!?

十五年前、金井さんの考え方に賛同する専門家が現れた。

ここで登場するのが、冒頭の青年、市川さんと金井さんの衝撃の出会いのきっかけを作った対人援助職トレーナーの奥川幸子さんだ。

金井さんと初めて会ったときは、東京都養育院付属病院（現・東京都老人医療センター）の医療ソーシャルワーカーだった。

「私のところに、金井さんの顔写真の載った、トイレ付きハイテク介護ベッドのパンフレットが来たんですよ」

と、奥川さん。まだ『多機能マットトレス アリス 凛』は、生まれていなかった。金井さん自身は心の底ではまだ納得していなかった『ドクター・アリス』のパンフレットのことだ。確かにそのパンフレットには介護ベッドだけでなく、ニッコリ微笑んだ金井さんの顔写真もしっかり載っている。さすが美人は、やることが違う。

そのあと、奥川さんとアポイントメントをとった金井さんは、トラックに積んだベッドとともに病院の正面玄関からやってきた。その頃の金井さんは、業者は裏口から入るという、業界の常識すら知らなかった。

「きれいだったよ！　匂うような美人だったわよ。そのとき、金井さんはスカート姿だったのね。その脚があまりにもきれいなので、ま、顔も美人だったけど、この足は一代でできた足じゃないと思ったのよ。これは、育ちがスゴいなと」

奥川さんが、金井さんと最初に会った印象をこんなふうに語ってくれた。どうやら育ちは、「脚」に表れるらしい。

時代は、新ゴールドプランがスタートしていた頃だ。

新ゴールドプランとは、一九八九年に始まっていたゴールドプランを、二〇〇〇年四月の介護保険制度導入のためにさらに見直し、より現実的な高齢者介護サービスの枠組みを策定したもの。どちらも基本的には高齢化社会に備えて老人介護は病院から在宅や施設へという流れだったが、予想よりも早く高齢化が進んだため、より在宅介護重視となる。訪問介護ステーションの五千カ所設置や、訪問ヘルパー数の十七万人確保など、より具体的な目標が盛り込まれた。そのために、民間があらゆる介護事業に乗り出そうとし始めた時期でもある。

「私のいた東京都老人医療センターは、老人総合研究所が隣にあって、老人医療とか研究に関して中心的なところだったんです。そこで、私は医療ソーシャルワーカーをやっていましたから、そういう営業の人たちがいらっしゃる場所なんですね。老人のケアやサービスに、民間が参入する時期でしたから、東京海上とか、明治生命とかが、ホームケア研究会などを開いていたりとかね」

そんな名だたる大企業までもが、いずれ来るだろう団塊世代の老後という大きなマーケットを見込んで、老人介護事業に参入しようとしていたのだ。きっとその頃は、誰もが、これからの高齢者介護事業は儲かるに違いないと、思っていたのだろう。

世の流れは、〝寝たきり追放！〟だった。

そんなたくさんの売り込みの中で、奥川さんは金井さんのトイレ付きハイテク介護ベッドのパンフレットを読んで、すぐにおもしろいと思った。

「発想がいいもんね。どこがおもしろかったかって？　だいたい、あんなベッドを作る人、いないじゃない。あの頃は、オムツは害悪、寝たきり追放ですから、そのためのリハビリという時代。オムツはアンチテーゼ。アンチテーゼを作らないと運動にならないわけね。寝たきりが悪でないと、リハビリが全国に普及しないから、寝たきりになっちゃいけませんよ、だからオムツをしてはいけませんよ、っていう感じだったのよ」

ところが、奥川さんの目の前に出現したのが、金井さんの作った、〝オムツ代わりになるトイレ付きベッド〟だった。〝寝たまんまでも排泄ができるベッド〟だった。

つまり、〝オムツのようなベッド〟だったのだ。

在宅から病院へ。大きく変わった日本の老人介護。

「私がこの仕事に就いたのは、一九七二年なんですけど、ちょうどリハビリテーションというものが、老人介護の世界に導入され始めた頃なんですね。その前は、よくも悪くも、老人は大腿骨頸部骨折したら、だいたい寝たきりになって、三ヵ月ぐらいで肺炎になって死ぬっていうのが方程式だったんです」

奥川さんが、ソーシャルワーカーとして働き始めた一九七二年は、半数を少し超える老人が、まだ自宅で家族に看取られていた頃だ。

それよりも遡ること二十年、厚生労働省の人口動態統計によれば一九五一年頃の日本人は、約八十二・五%が自宅で亡くなっている。町の開業医が、ごく普通に往診していた時代だ。医療といっても、聴診器を当て、患者の様子をみて、看護する家族の話を聞いて、簡単な薬を出す程度。老人が寝たきりになったとき、何がなんでも医療で救うという考え方は、まだそれほど浸透していなかった。平均余命は男性は六十・八歳、女性は六十四・九歳。そこでの介護の担い手は、主にお嫁さんだった。介護の大変さを、家庭の中でお嫁さんが一手に引き受けていたので、あまり社会問題化することもなかったといえる。

お嫁さん受難の時代である。

そのあと、日本の高度経済成長とともに医療もどんどん発達し、おかげで平均余命もぐんぐんと伸びていく。日本は、どんなお年寄りでも、入院させて、治療することが当たり前になり、世界に冠たる長寿国となっていくのだ。

一九七〇年代から社会問題化されていく「寝たきり」。

奥川さんが仕事を始めたばかりの一九七三年には、老人医療費の窓口負担無料化が実施される。田中角栄内閣で、福祉元年と言われた年だ。病院は、ますます治療や介護の必要な老人の受け入れ先になっていく。当然、病院で亡くなる老人が増えていく。結果、病院は、寝たきり老人で満杯状態となり、今度は手のかかる「寝たきり」が社会問題化されていったのだ。この年の平均余命は、男性が七十・七歳、女性が七十六歳。二十年間で余命が十歳伸びたことになる。スゴい、驚異の伸びだ。老人に対する医療の効果が、しっかり現れた結果と言えるだろう。

高度先進医療が当たり前になった二〇〇七年の調査では、自宅で亡くなっている人は十二・三%。ほとんどの人が、病院か施設で亡くなっている。そして、二〇〇八年度の平均余命は、ぐんぐんと伸びて男性が七十九・二九歳、女性が八十六・〇五歳。それが、現状だ。というか、未だに日本では平均余命は伸びているのだ。

一方で、異常とも言えるほどの健康ブームの到来。

この間に、日本人の生活は豊かになり、人々はいかに元気で長生きするか、いかに若さを保つかに邁進していく。日々、スポーツジムやウォーキングで汗を流し、サプリメントや健康補助食品を摂取するのが当たり前になった。まるで老いることが「悪」であるかのような、異常ともいえる健康ブームが起こり、それは今もずっと続いている。

〝元気で長生きしたい〟という思いと、〝家族に迷惑をかけたくない〟という思いが、重なった結果だろう。これは、国の施策である「寝たきりゼロ作戦」とも一致する流れだ。

日本の老人たちは、内臓が丈夫だったら九十歳でも百歳でも入院して手術し、そのあと理学療法士から、リハビリ訓練を受けることになった。なるべく人に迷惑をかけないようにするには、寝たきりにはなってはいけないのだ。たとえ九十歳であっても、自分でベッドからポータブルトイレに移れる、自分でベッドから車イスに移れる、自分でベッドから立ち上がれる、そして自分の身体を支えられる、そういった一連の動作が最低できないといけないからだ。奥川さんは、そこに違和感を感じていた。

「金井さんがいらした頃に、そこまで頑張るというのが、リハビリのメニューに入っちゃったんです。でも、私は、これってどういうことだろうなあと思っていたんです。お年寄りに、もっと、もっと頑張れってね、最期まで、死ぬまで努力しないといけないって強要している気がしていた。ちょっと変じゃないの？　って、疑問を持っていたのね」

リハビリ全盛の流れに反していた金井さんのベッド。

金井さんのベッドは、アンチオムツは同じなのだが、基本の考え方は真逆だった。リハビリという時代の流れに全く逆らっていたのだ。奥川さんは、驚いた。

「寝たまんまトイレができるベッドを作るなんて、スゴいよねえ。あの頃やっと、日本中に二十年で行き渡ったリハビリの思想に反するわけよ」

金井さんのベッドは、アンチテーゼに対するアンチテーゼだったのだ。

しかし、当の金井さんは、世の中の流れが、〝オムツ追放、寝たきり追放、リハビリ万歳！〟へ一直線で向かっている事に、まったく気づいていなかった。金井さんは、言う。

「世の中の流れが、そんなふうになっているなんて、知らなかったわよ。私は、必要なものなのに、なんでこんなに文句言われなきゃなんないのか、と思っていたわよ」

ある高名な女性ジャーナリストが著作の一ページ目に、〝私は、昔、トイレ付き介護ベッドを推奨したが、心から訂正させていただく〟と書いた。つまり、寝たままトイレをするなんて、とんでもない、寝たきりを助長するだけではないか、ということだ。

金井さんは、頭に来た！　何、言ってんのかっ！

「私は、紙オムツでもって過ごさせるのは気の毒だから、こういうものがあれば、すぐに排泄できて、すぐにお尻を洗ってあげることができる。そうやって、お年寄りが生きていられれば一番いいなあと思っただけなのにね。世の中の流れが変わろうが、人間であることは変わらないのよ」

今も、その高名なジャーナリストは、介護福祉の世界で、ニッコリ笑いながら活躍している。

おそらく、彼女の頭の中にある介護ベッドは、できるだけ自分で身体を動かしてトイレに行けるような、リハビリも兼ねた介護ベッドなのだろう。決して、ベッド上で排泄などは、してはならないのだ。しかしなぜか、紙オムツ使った場合だけは例外なのだが。

オムツ外し、リハ全盛の陰で、真逆な事件が起こっていた。

「一宮事件の事、話したっけ？　あのおばあちゃんはね、尿意も便意もあって、何とか自分でトイレに行けるのに、オムツにさせられちゃったの。ヒドいのよ」

金井さんは、そのことを〝一宮事件〟と呼ぶ。正しくは、「一宮身体拘束《こうそく》裁判」。

「あれは、画一的な医療機関の画一的な世話ね。そんなの当たり前だよ」

と、病院での老人介護の現状をよく知っている奥川さんは、サラリとかわす。他の多くの医療機関や施設でも、〝拘束〟は当たり前に起こっていることだ、と言うのだ。

少々長くなるが「一宮身体拘束裁判」について説明しよう。

二〇〇三年十月七日の夜、愛知県一宮市の救急指定病院に、八十歳（当時）の女性Yさんが、腰痛を訴えて入院した。老人に多い骨粗《こつそ》鬆症《しょうしょう》から起こる圧迫骨折による痛みだった。

入院時は腰痛のため歩行不能状態になっていて、病院側は、変形性脊椎《せきつい》症、腎不全、高血圧症などと診断、Yさんに対し、消炎鎮痛剤、利尿剤、強心剤、下剤、入眠剤を投与。その後、リハビリも行なっている。Yさんには、心臓弁膜症や高血圧症の入院歴があったが、認知症の病歴はなし。

入院五日目には「ちょっと楽になったから」と、車イスに自力で移乗しトイレに行くことができた。手すりにつかまれば立つこともできるようになっていた。

十月三十日の理学療法記録にも、立ち上がりの際の痛みは軽減していて、歩き方が安定しているとある。

しかし、入院中の十一月三日二十二時三十分、Yさんは、急に自力でトイレから立てなくなり、お尻を拭いたティッシュを便器の中に入れず、自分の目の前に捨てたという。

看護師は、入眠剤の影響を疑い、翌日十一月四日夜より紙オムツにすることに。排泄はオムツにするようにと本人と約束をし、再び入眠剤を投与した。

しかし、Yさんはそれを不服と思ったのか、度々、ナースコールする。そして、とうとう、夜中に、自分一人で車イスを押しながら歩いてトイレへ行き、その帰りに転倒して頭を打撲しまう。しかし、訴訟となった事件はこれではない。

「オムツ替えて」とYさんは深夜、看護師に訴えた。

看護記録によると十一月十五日の消灯後、Yさんはオムツが濡れていないのに、オムツを替えてと、たびたびナースコール。また、ナースステーションまで自力で車イスに乗って来て、オムツを替えてくれと要望する。そのたびに、三人いた当直の看護師は対応。看護記録には、オムツを替えたり、お茶を飲ませたり、何度か部屋に連れて行って寝かせたり、とある。

それでも、Yさんは再びステーションに来て、車イスから立ち上がり、「オシッコびたびたやで、オムツ替えて」と言ったため、看護師はその場でパジャマのズボンを下げ、オムツを抜き出し、濡れていないことを本人確認させている。

かなり強引な対応だ。それに対し、Yさんは「私は、ボケておらへん」と大声を出したため、看護師は夜間せん妄《もう》が出たとし、徘徊と判断した。

夜間せん妄とは、判断力が低下した高齢者などに夜間見られる症状のこと。軽い意識障害や判断力の低下のために、暗い夜ほど不安感が増し、眠れなくなったり、騒いだり、暴れたりなどの症状が出たり、妄想などを抱く場合もある。そして、寝かせようと入眠剤を与えると、ますます判断力が低下し、せん妄が悪化することもあるという。

病院側は、騒いだYさんを個室に移し拘束した。

看護師は、四人部屋の病室に戻すと同室の他の患者に迷惑がかかるかもしれないと考え、十六日の午前一時に、Yさんをベッドごと個室に移した。しかし、そのあともYさんはベッドから起き上がろうとしたため、転倒や転落予防として、ミトン（手袋）をつけ、さらにそのミトンをベッドに縛り約二時間の身体拘束を行った。

それも圧迫骨折で腰が曲がり、仰向《あおむ》けに寝ることができないYさんを、仰向けに縛り付けた。腰の痛みに悲鳴を上げたYさんは拘束を外そうとして、手首の紐をほどこうともがき、右手首などに全治二十日間の怪我をした。

病院側は、この拘束について、事前に家族や本人の同意を得ていない。

Yさんは入院するまでは歩くこともできて、自立心もプライドも高く、自力排泄も強くこだわっていたという。腎不全と心不全を抱えていたために、利尿剤を服用しなければならず、それが原因で頻尿《ひんにょう》になり、入院中はより排尿にこだわるようになっていたのだろう。

Yさんはベッドに身体を不当に拘束され、心身に苦痛を受けたとして、病院を経営する医療法人に計六百万円の損害賠償を求めた訴訟を起こした。

日本初の患者自身が身体拘束に異議を唱えた医療裁判だった。

第一審の二〇〇六年八月の名古屋地方裁判所の判決では、Yさん敗訴。一審名古屋地裁一宮支部は、不必要な身体拘束は避けるべきだとしながらも、Yさんの場合は、転倒や転落など生命や身体に切迫した危険があったと認定、身体拘束も約二時間と最小限だったとし、合法と判断したのだ。

Yさんはあきらめなかった。すぐに控訴。しかし、控訴審の判決を待たず、その九月にYさんは死去。遺族がこの裁判を引き継ぐ。

控訴審では、東京、名古屋、京都の弁護士が集まり新たな弁護団を結成。その他、医師、看護師、学者、市民などが参加し、シンポジウムなどで意見交換が行われた。医師のカルテ、看護記録、病棟管理日誌などを、多方面から徹底分析したのだ。

結果、二〇〇八年九月五日、名古屋高裁は一審判決を変更、「患者を拘束して身体的な自由を奪うことは原則として違法とし、Yさんの場合は、生命や身体に危機が迫っていたわけではなく、他にもっと適切な対応があった」と判断した。そして、医療法人側に計七十万円の支払いを命じたのだ。逆転勝訴！

このとき名古屋高裁は、医療機関であろうと、患者の家族や本人から同意を得ずに身体拘束することは禁止されていると判断している。

介護保険施設では、二〇〇一年から身体拘束は原則禁止だ。

特別養護老人ホームなどの介護施設では、介護保険がスタート後の二〇〇一年に厚生労働省から「身体拘束ゼロへの手引き」が示され、原則禁止になった。

それまでは日本中の高齢者介護の現場で不必要な身体拘束が行われており、「人間の尊厳を冒し寝たきりにつながる」と問題になっていたのだ

「身体拘束ゼロへの手引き」では、やむを得ず身体拘束する場合の三要件を示している。生命身体の危険が著しい場合、他に代替方法が無い場合、そして一時的、という三つだ。

医療機関での拘束の基準の示す法令がないため、この手引きが名古屋高裁の判断の参考となった。

Yさんの場合は、本人や家族に事前に身体拘束の同意を得た事実はなかった。

また、二審高裁は、本人は自力で車イスを押しながら歩く事ができたのだから、転倒転落などの生命身体の危険性が強くあったとは認められないとした。むしろ、病院側が、認知症の病歴も無く、トイレに自力で行けるYさんに入眠剤を長期にわたり服用させ、それが異常行動を起こした原因と推測される、とした。

医療機関による身体拘束の違法性を認めた画期的な判決となった。

しかし、この事件は高裁の判決後、病院側が「このままでは現場が混乱している。身体拘束についての法律上の判断、基準を示して欲しい」と最高裁に上告した。

医療機関での基準は曖昧のまま、最高裁は二審判決を破棄。

二〇一〇年一月二十六日、最高裁は、「この場合の身体拘束は緊急でやむを得ない行為」として二審判決を破棄、それにより拘束を正当とした一審判決が確定した。

最高裁が患者の身体拘束について、初めて判断を下したのだ。理由として「身体拘束以外に女性の転倒などを防ぐ方法はなく、拘束時間も必要最小限だった」としている。ここには、入眠剤の過剰投与による影響についても、排泄にこだわるYさんの思いも一切考慮されていない。また、医療機関であるのに、当直の医師ではなく看護師が夜間せん妄と判断し対処したことについても、何の法的判断を示していない。

Ｙさんの身体拘束についての日本国内における法律的判断は、これで終わった。

金井さんは、怒りに怒る。

「自力でトイレに行ける人に、紙オムツへの排泄を強要したのよ。ポータブルトイレの用意すらなかった。それがＹさんにとっては、大きなストレスになって、どんどん排泄への強い意識、こだわりに繋がっていったのよ。それなりに自立して過ごせる人だったのに、ボケていなかったのに、オムツにさせられて、自尊心を傷つけられて、繋がれたミトンを引き裂こうと怪我までして抵抗したっていうのよ。ほんとうに、ヒドい話よ」

夜間看護の人手が足りないから、身体拘束は仕方がないのか。

実際に、最高裁の判決文には、「当直の看護師三名で二十七名の入院患者に対応していたというのであるから、深夜、長時間にわたり、看護師のうち一名がＹに付きっきりで対応することは困難であったと考えられる」とある。

この病院の病床数は四十一床で、夜間当直の看護師は三人とされていた。けれど、その日は二十七人しか入院患者はいなかった。また、重症患者もいなかった。家族が付き添っている患者も二人いた。そんな中でも、当直の看護師は規定通りの三人だった。この人員配置について多いか少ないかは議論の分かれるところだろうが、その日の人手には余裕があったともいえる。それでも最高裁は、手が足りなくて看護師は大変だった、と労をねぎらっている。

しかし、日本の看護の現状はもっと厳しい。そのことについては、最高裁はまったく踏み込んでいない。このままでは、医療側は自力で歩けるようになった患者も、夜間の排泄介護は紙オムツにし、入眠剤を使い眠らせてもいいことになる。看護側からすれば、現場が大変なのだから仕方が無いということなのだろう。

けれど、あなたがいつか入院したとき、紙オムツをイヤがったり、自力でトイレに行きたいと要求すると、ベッドに縛り付けられてしまうこともあるってことなのだ。

自力排泄可能でも高齢の入院患者は、夜間は紙オムツ!?

「ほんとうはね、この私でさえ、病院でのこういった扱いには慣れっこになっていたから、今更なぜ？　どこに問題があるの？　と思って名古屋高裁に通って、裁判を傍聴したの。どう決着がつくのか興味があった。でも傍聴しているうちに、じわじわと、大変なことになった、皆がこのことに気がついたら、えらいことになると思ったわ。日本の介護は崩壊するってね」

金井さんは、このことを世に問うたYさんの、その勇気に感嘆した。

〝死人に口なしで、泣いてこの世を恨んで逝った人たちの代弁者として、体を張って訴えたYさん。ああ、やっと現れた。私だって、これまでに何度、逝ってしまった人に、そうでしょう？　あなたならわかってくれるわねと自問自答したことか〟

そして、自力排泄が可能な人にオムツに排泄させ、拘束してしまうことを世間でどう思うのか、金井さんは期待して待った。

この判決を受け、マスコミがどう反応するのか、社会がどう受け止めるのか、期待して待った。きっと大騒ぎになるに違いないと、期待したのだ。

ところが、二審の高裁のときもそうだが、最高裁のときも、何も変わっていない。新聞社が判決の記事を一応は掲載したが、そのあと、ほとんど音沙汰がない。

「もっと驚いたのは、新聞記事に関係者の話として〝しばらく患者に付き添い安心させ、オムツのこだわりを和らげ、落ち着かせて入眠を待つのが望ましい〟なんていうのがあったのよ」

金井さんは、心底がっかりした。

この裁判を経てもなお、現場の専門家の意識は変わらなかった。高齢者の入院患者の排泄は紙オムツが当たり前なのだ。

当然、寝たきりになっていない新聞購読者である一般人の意識も変わらなかった。おそらく、この事件に興味すら持たなかったのだろう。

第5章

一度考えてみたい。
オシッコやウンチは、
絶対にトイレじゃないと
いけないのだろうか。

お風呂場でオシッコをした年寄りの話。

「私、風呂場でオシッコして、施設に追いやられちゃった認知症の年寄りを知っているんだけど、なんで風呂場でオシッコしたら悪いの？　と、いろいろ考えたわよ。ラディカルに。そしたら思ったのね、みんな、忘れているんだよね、人間が動物であるってこと」

老人病院のソーシャルワーカーだった奥川さんは、そう切り出した。

たしかに、認知症だから、風呂場で排尿したのかもしれない。でも、リビングや畳の部屋でしたわけではないんだから、まあ、いいじゃないかとどうして思えないのか。風呂場なら、すぐに掃除もできるではないか。どうして、トイレできちんとしなくてはいけないのか。小さな子どもだったら許されるだろうけれど、どうして認知症の老人だと許されないのか。生きている以上、どんな状態になっても、人は排泄をしなくてはダメなのに、なぜ、許されないのか。許していないのは、私たち一人一人ではないか。奥川さんは思う。

「それにみんなオムツはイヤだと言うけれど、オシッコとかウンチを人にやってもらうことが、どうしてそんなに負担なのか。自尊心の問題だろうけれど、そこらへんは、テーマとしてスゴく深いと思う。恥ずかしいということは、どういうことなのか。どうしてそんなに恥ずかしいのか。なぜ、オシッコとウンチができないことが恥ずかしいのか、とかね」

日本は、清潔であることを重要視する社会。

日本では、生まれたばかりの赤ちゃんはオムツでもいいけれど、すぐにトイレトレーニングに入って、幼い頃から、オシッコやウンチはトイレで、と教え込まれる。

「日本はあまりにも基準が厳しいのよ。とにかく、排泄はトイレで、ってね。で、年とって、それができなくなったら、オムツで。それしかない。だから、そんなもん、取っ払ってしまえというの。私は、逆転の発想だからね。垂れ流しだっていいじゃないのって。ベッドの上で垂れ流しよ。フリースタイルよ」

おお、相変わらず大胆な金井さんの意見。トイレで排泄すると頭から思い込んでいるこちらにとっては、オムツに排泄するのにも勇気がいるけれど、ベッドの上でするのもやっぱり同じように勇気が必要に思えるのだが。たとえ「穴」があって、排泄したあとにきちんと処理できるとしてもだ。

「ベッドの上で垂れ流しって言うけど、フリースタイルでもいいけれど、通常の垂れ流しは皮膚を痛めるし、服を着ていると汚れて気持ちが悪いし、臭いもするし。いずれにしても、いろんな問題は、共同生活の中では出てくるじゃない」

これは、しごく真っ当な奥川さんの意見。共同生活だからこそ、臭い、汚い排泄が問題になるのだ。しかし、金井さんは切り返す。

「だから、病院ではオムツでも仕方が無いかもしれないけど、自宅ならば自由じゃない」

自分の家だから、フリースタイルでもいいということなのか。でもねえ金井さん、やっぱりそれじゃあ一緒に住む家族が大変な思いをする気もするのだけれど……。

なぜ、人間はダメで、ペットなら許されるのか。

奥川さんが、おもしろいことを言い出した。

「実際、犬だと認めているんだよね。知り合いが飼っているテリアはボケちゃって、足も悪くて、外で散歩してもなかなかウンチやオシッコが出ないから、家の中でやり放題させてんのよ。家中カビだらけだって。飼い主は、テリアのほうが、孫より可愛い、って言うのよ。だから臭い消しで、高級なお香たいてんのよ。でも、人間だと、ダメなんだよねぇ。犬なら、いいのに。私、考えたのよ。日本人にとっての犬の場合は、ペットというより家族に近いでしょ。だけど、犬は大丈夫なのよ。オシッコ、ウンチまみれでも。だから、人間のばあさん、じいさんが、それでもいいとなれば、別なのよ。でも、どうして人間はダメなの？　犬はなぜいいの？」

ウンチやオシッコの量なのか。悪臭のせいなのか。それとも、人ならば、絶対にあってはいけないことなのか。老人では、可愛くないのか。

それとも、少し前までは、きちんと社会生活をしていた大人が、できなくなることが許せないのか。う～ん、そう考えると、ちょっと切ない。

オシッコを万年床に垂れ流ししていた歴史学者がいた。

奥川さんが板橋区にある東京都養育院医療病院にまだ勤めているときのことだ。百歳を超える高名な歴史学者が入院してきた。

「テレビに出たこともある有名な歴史学者が、板橋区の一軒家で、ひとりで暮らしていたの。その人が最終的に寝たきりなって、病院に入れたいと板橋区が言ってきたの。頭はスゴくしっかりしていたし、病院に入る必要がない人だったけど、まだ介護保険が実施される前でね。有名人だし、死なれては困るから、死後何日も経ってから発見されるんじゃあ困るからと板橋区がスゴく気に病んでいて、入院する前は、毎日、毎日、安否確認でヘルパーを遣わしていたの。で、彼が入院したらね、主治医と一緒に、板橋区の人たちと、その人がずっとひとりで住んでいた家を見に行かされたのよ」

スゴい年季の入った古家だった。部屋中、本の山だった。

「確かに文化的な生活はしていたのよ。毎日、難しい本を読んでね。でね、ウンチはさすがにトイレにいっていたらしいけど、オシッコはね、万年床になっていてそこでしちゃうのよ。彼が言うには、オシッコに立つのも物憂い、動くのが面倒臭い、本を読んでいるほうが自分にとって必要な時間だからと。そしたら、電気毛布になっているので、自然乾燥になるの。だから、すぐに乾くから、またそこでするわけ。それでも漏電しないのよ、スゴいでしょ」

オシッコの垂れ流しより、三度の食事のほうが〝野蛮〟。

で、やっと、本格的な寝たきりになる前に転んでしまい痛みを訴えてくれたので、めでたく入院となった。万年床のあった畳は、そこだけへこんでいた。だから家に帰さないでくれと、区の職員は、主治医と医療ソーシャルワーカーである奥川さんに懇願した。

「でも、そういう生活が、歴史学者である彼にとって、ＱＯＬ（生活の質）上最高の生活だったのよ。入院してから何日か経って、歴史学者の病室を訪ねたら、彼は、病院に入ると野蛮になる、って言ったの」

入院すると〝野蛮〟になる⁉

奥川さんが、なぜ野蛮になるのかとその理由を聞いたら、歴史学者は言った。

〝本を読めなくなる。そして、入院すると三度三度飯が来る〟。

歴史学者も入院で、食事を楽しみに待つ普通の人になった。

「ひとり暮らしの彼が、それまで食事をどうしてたかと言うとね、玄関の上がりがまちのところに籠を置いておいてね、その中に小銭をガシャッと入れてあるの。それで、うな重とかの出前をとって、そこからお店の人が適当にお金をとっていってもらうという生活をしていたの。つまり、食事は店屋ものだけの生活だったのね。病院に入ったら、毎回食事が違うでしょ。だから、三度三度の食事が楽しみになる、って言うのよ。だから、自分は野蛮になった、って。だから考えることをしなくなった、って。三度の食事を楽しみに待つようになった、ってね。彼にとっては、そういうことイコール野蛮なのよ」

三度三度の食事をずっと楽しみに生きてきた私たちは、その歴史学者にとっては相当野蚕ということになる。

「そう、私、それ、すっごく理解できたんだけど、そのときね、目の前に食事が来たのね、昼食が。そしたらね、彼は、パッと目の色を変えて、ガツガツ食べ出したの。老いの悲しさね。あ〜あ、と思った。入院していることは、歴史学者にとっては気の毒だと思ったわね。そのあとね、コロッと死んだのよ。だからね、彼みたいなケースは、たまたま布団に穴が開いていなかっただけで、そうやれる人はやっているのよ。そうやることは本人にとっては、当たり前のことなのよ。今の話は、自然の摂理に従うってこと。その人が、何を優先するかよ。だからね、なかなかこのオシッコとウンチの文化というのは、かんたんに語れないのよ。根が深いのよ」

子どものトイレトレーニングは、文明社会の証!?

大昔、日本人だって、野グソをしていた時代もあったはずだ。野っぱらで、ジャーッとやっても、何の問題もなかったはずだ。子どもはもちろん、そして大人でも。

そのうち共同生活が始まり、排泄場所が決まった。みんなで暮らしていくためのルールが作られ、住環境もどんどん整備され清潔になった。奥川さんは分析する。

「今は生活の様式が違っちゃってきているからね。トイレトレーニングがそこで始まったわけでしょ。今は、子どもにちゃんとしつけをするでしょ。小さな子どもを持つ親の悩みは、オムツがなかなかとれないことでしょ。三歳になって、幼稚園の面接のときに、まだオムツをしていたら、なるべく入園するときまでに、オムツが外れるようにしてくださいねとか、言われるのは親だから。外しておかなきゃいけないんでしょ。トイレトレーニングが必要なのは、文明社会だからよね」

もしかして、私たちは、便利さ、快適さ、清潔さを追求しすぎて、知らぬ間に生きものとしては生きにくい社会ルールを作ってしまったのか。

排泄って、いつから恥ずかしいことになったのか。

「下の話って、人間にとって、忌まわしい事だからねえ。陰に入んなきゃいけないっていうかね。生きるってことを考えたとき、下の話は、陽と陰とで考えたらね、いつも陰の方向だからね。中国と違って日本は、お便所で隠れてやるようにね」

と、奥川さんは言う。私は、中国には行ったことはないが、中国の公衆便所は広い部屋の床にいくつも穴や溝があって、そこをまたいで排泄するという話を聞いたことがある。

個室ではないというのだ。また、隣の人と、世間話をしながら排泄するという話も聞いたことがある。最近は、個室トイレが増えてきたというが、それでも、トビラがなかったり、トビラを閉めないで排泄する人もいるらしい。

世界の二十六億人がトイレのない暮らしをしていて、川や道ばたや、野っぱらで排泄をしている、そのために飲料水や野菜などの食料が汚染され、たくさんの子どもたちが毎日下痢を起こして死んでいる、という衝撃的な事実を書いた本がある。

イギリス人の女性ジャーナリスト、ローズ・ジョージ氏の『世界の六十五億人が抱える大問題　トイレの話をしよう』（NHK出版）。この本によると、北京オリンピックのおかげで中国人のトイレ事情がかなり変わったとはあるが、それでも公共トイレでトビラを開けたまま排泄する中国の人たちの話が出てくる。また、人糞をバイオガスとして利用しようという国家的プロジェクトまであって、排泄に関して考え方はかなり日本と違うようだ。

欧米では、たいていお風呂とトイレと洗面所がひとつの空間になっているので、隠れて排泄するという感覚が日本人より薄いように見える。しかし、ローズ・ジョージによれば、日本人と同じく、欧米は文明化にともない、かつては人前でごく普通に行われていた排泄行為が、閉ざされたドアの向こうで行われる個人的な恥ずかしい行為になったと書いている。おそらく、水洗トイレのせいだろう。

水洗トイレの誕生は約四百十年前。

水洗トイレの排泄物をあっという間にどこかへ流し、臭いを水でシャットアウトする仕組みは、エリザベス一世のために作られたそうで、そこからほとんど変わっていないそうだ。約四百十年前ということになる。このときの水洗トイレは水で流した汚物をタンクに溜める方式だったらしい。そのあとは、川や湖、海へそのまま流していた時代もあった。

そんな水洗トイレのおかげで、人は自分の排泄物と向き合う必要はなくなった。

しかし、人口が爆発的に伸びた今の地球上で、水洗トイレですべてをきれいに完結するには、膨大な水と、下水道と浄水場と言う大規模な都市計画が必要になった。ゆえに、お金に余裕がある恵まれた国しか手に入れることができないシステムなのだ。

ローズは、そのシステムを手に入れた先進国の人々は、そのあと、ウンチやオシッコのことをほとんど忘れてしまった、考えなくなった、と書いている。

一方で、日本人だけは、水洗トイレにどんどん改良を加え、世界一のロボットトイレを作った、とローズは書いている。

金井さんも絶賛する、日本人なら誰でも知っている、使っている、あのハイテク温水洗浄便座のことだ。

日本人の大発明、世界一のトイレ〝温水洗浄便座〟。

ウンチやオシッコをあっという間に水で流してくれるだけではなく、便座は程よく温かく、排泄し終わると温水でお尻をきれいに洗浄し、高機能のものは洗浄後乾燥し、臭いまで吸収してくれる。

中には、便器のフタの開け閉めや、便座の上げ下げまで自動でやってのけるタイプもある。これは、イギリス人のローズにとって、驚きの商品だった。

そして、彼女が注目したことは、この画期的な温水洗浄便座が、六十年前までは汲み取り式しゃがみ込み便所が一般的だった日本に排泄革命を起こし一般家庭にまで普及したことと、逆に、世界には広がらなかったことだ。

簡単に排泄習慣を変えてしまった日本人と、どんなに素晴らしいトイレでも、それに飛びつかなかった欧米人。

彼女は、欧米人は、水に流せば何もなかったことにしてしまうと書いている。しかし、日本人は、水に流すだけでは気が済まなかったのだ。これはなかなか興味深い。

昔、日本は、汲み取り式しゃがみこみ便所だった。

「臭いについても、今はスゴいじゃない。私は自分の家のトイレで、換気扇、使ったことなかったのよ。そしたらね、最近、家で仕事をやるようになっていろんな人たちが来るようになったんだけど、みんなトイレを使うと、換気扇のスイッチを入れていくのよね。で、へえー、と思ってね。最初は、知らないうちに私の便の臭いが染み付いちゃっているかしらって、ちょっと考えちゃったのね。これからは、排便したときは、換気しなくちゃダメかしらって思ったのよ」

奥川さんの家のトイレは、最新の温水洗浄便座だ。数年前、家を建て直ししたときに、お風呂と洗面所とトイレを一空間にした。清潔で気持ちいいトイレだ。奥川さんは、対人援助トレーナーとして、自宅でも若い人たちに教えている。その若い人たちがトイレを使ったあと、必ず換気扇を回すのだ。

「そのうち、トイレを使ったら換気扇を回すのが、今の常識になっているらしいと気づいたの。あれって、よそのうちだから？　家でもやっているの？」

さて、どうだろうか。五十五歳の私だって、たぶん換気扇を回したりはしない。

汲み取り式便所は悪魔と怨霊の出入り口⁉

かつて、日本人にとってトイレ――便所は、忌まわしい場所だったようだ。便所は悪魔と怨霊《おんりょう》の出入り口とされていて、お清めのために便所の神様が祀《まつ》ってあったりもした。子どもたちにとっては、汲み取り式のしゃがみ込み便所は、深い暗い穴から吹き上げてくる風のせいもあって、自分の家でありながら、とても怖い場所でもあった。

また、便所は臭いものだった。汲み取り式だろうが、そのあと出て来た水洗式だろうが、若干臭いのが当たり前で、縁側の一番端とか、家の中で一番陽の当たらない北側のじめじめしたところに追いやられていた。しかし、臭いといっても、決して掃除をしていないわけではない。むしろ、昔の人は、堅く絞った雑巾で、隅から隅までピカピカに磨き上げていた。便所掃除は、家事の中でもかなり優先順位が高かったと思う。それでも、若干臭かった。しゃがみ込み便所のせいだったからか。そして、そのことを気にかける人は、あまりいなかったように思う。

それが、いつの間にか、トイレは臭くない空間でなければならなくなっているようだ。おそらく、水洗トイレが座るタイプに変わったせいだろう。オシッコが飛び散ったりすることが、少なくなったからだろう。

排泄時の臭い、音まで気にし出した現代日本人。

「そういえば、公衆便所の臭いが、だんだんなくなってきたもんね」

と、金井さん。

「きれいになってきたよねえ。でも、それは、ちょっとやり過ぎって感じだよ」

ウンチやオシッコが臭いのが当たり前なのに、当たり前でなくなっている、と奥川さん。

日本では、臭いのが当たり前だった汲み取り式しゃがみ込み便所から、しゃがみ込み水洗トイレになり、水洗便座になり、今やお尻まできれいに洗ってくれる温水洗浄便座になった。トイレの消臭剤もいろんな香りがあって、当たり前に使われている。

そういえば、レストランやデパートのトイレには、排泄音をごまかすためのトイレ用擬音装置も設置されている。最近では、携帯のトイレ用擬音装置が発売され、この不況下に大ヒット商品になっているという。

日本人は、臭いだけでなく、音まで気にし始めているのだ。あたかも、誰もが、臭いも出しません、音も出しません、排泄なんかしていません、と宣言しているみたいだ。

そのことが当たり前だと思う人たちが、老いて、寝たきりになって、他人に排泄ケアをしてもらわなくてはいけなくなったとき、一体どう感じるのだろうか。

きっと、ものスゴい抵抗感があるに違いない。自分のお尻が、自分のウンチやオシッコが、その臭いが、人目にさらされることになってしまうから。

それ以前に、そんなふうに過ごしてきた人たちが、誰かの排泄ケアをしなくてはいけなくなったとき、果たしてできるのだろうか。自分のウンチやオシッコにすら向き合ったこともないのだから、人の排泄ケアをするなんて、スゴくハードルが高いような気がする。

でもね、忘れちゃいけない。健康な人も、病気の人も、赤ちゃんも、おばあさんも、私も、あなたも、世界中の生きている人が、毎日、何回も繰り返していること。それが、排泄なのだ。ウンチやオシッコなのだ。

老いると、誰でも失禁するの？ 尿失禁のお勉強。

詩人であり、思想家、評論家でもある吉本隆明氏は、現在八十五歳。著書『老いの超え方』（朝日文庫刊）で、〝ご老人は、超人間である〟と自らの老いを徹底分析していて、実に興味深い。

吉本氏は、七十二歳のとき、遊泳中に溺れ、その後遺症や、糖尿病による目の手術のため何回か入院しているうちに、足腰が立たなくなったという。退院してからは、自己流リハビリのおかげで昼間は自分でトイレに行くけるようになったが、夜寝ている間は知らぬうちに漏らしてしまうことがあるので、吸収量の一番多い夜間用紙オムツを使っているそうだ。それで、オムツかぶれのような症状が起きたという。皮膚科に行って調べてもらったら、かぶれではなくカビだということで、抗カビ剤を処方されたとか。もともと、前立腺障害があって頻尿だったとも語っている。

男性だと少しずつ漏れてしまう、前立腺肥大症。

このように男性の主な尿失禁の要因となる前立腺障害――前立腺肥大症は、高齢の男性によく見られる病気だ。

老化とともに、前立腺が肥大し、尿道が圧迫され、排尿障害が起きる。六十歳を過ぎると増えてくる病だ。症状は、頻尿、尿量の減少、尿の勢い低下、排尿時間がかかる、残尿感、尿失禁など。そして、八十歳までに八十%以上の男性が前立腺肥大症にかかるといわれている。

前立腺肥大症は、老化現象のひとつなのだ。夜、何回か目が覚めてトイレに行くのが、この病気の典型的な初期症状。前立腺が肥大することによって、そのうち尿意はあっても腹圧をかけても尿が全部出きらずに、膀胱《ぼうこう》に溜まってしまい、少しずつ漏れ出てくるようになったりする。なので、寝ている夜間は、紙オムツで過ごさなくてはいけなくなる人も出てくるというわけだ。高齢男性の特徴的な尿失禁である溢流性《いつりゅうせい》尿失禁のひとつといわれている。溢流性尿失禁は、他に前立腺がんや糖尿病が原因で起こるものもある。

女性の場合は、老化以前に尿失禁に悩んでいる人は多い。

いつもは、ちゃんと尿意があって、トイレに行って自分の意志で排泄しているけれど、くしゃみをしたり、急に走り出したり、重いものを持ち上げたりすると、尿が漏れてしまうのが腹圧性尿失禁だ。これは、出産や肥満によって、骨盤底筋がゆるんでしまうことで起こる。女性の四割を超える人がこの腹圧性尿失禁といわれていて、早い人は二十代からなることもある。もともと女性の尿道は短く、尿道を閉める括約筋が弱いという構造上の問題が原因だからだ。また、筋肉がゆるんで起こるのだから、老化していくと症状は悪化していくことが多い。

最初のうちは漏れる量も少ないので、生理用ナプキンなどを利用すれば、日常生活には支障はない。実際に生理用ナプキンサイズの尿漏れ専用ナプキンも市販されている。症状が進むと、外出するときに尿とりパッドやパンツ型の紙オムツが手放せなくなることも。ただ、筋肉のゆるみなので、骨盤底筋を鍛えることで、かなり軽減することができる。また、薬の服用、手術などの方法もある。

そして、男女を問わず高齢者に多く見られるのが、切迫性尿失禁。

尿意はあるが、あまりに急なため、トイレまで間に合わずに尿が出てしまう。それも、腹圧性尿失禁とは違い、出る量も多い。そこが、悩ましいところだ。原因はいろいろあって、脳卒中、痴呆症などの脳の病気、脊髄損傷、変形性腰椎症などの脊髄を痛める病気、パーキンソン病などの脳から脊髄にわたる神経疾患、膀胱炎、尿道結石などの泌尿器の病気など。

中でも一番多いのが不安定膀胱といわれているもの。老化によって起こるのだろうと推測されているが、その詳しいメカニズムはまだわかっていない。なので、対策としては、こまめにトイレに行くことぐらいしかない。

他に、機能性尿失禁と呼ばれているものがある。これは、身体の運動機能が何らかの理由で衰えていて、尿意はあっても身体を動かせないのでトイレまで間に合わない、もしくは、認知症のために尿意を感じても、どこで排泄したらいいか判断できないで失禁してしまう。

つまり、老いれば誰にでも尿失禁はやってくるのだ。

ここまで、尿失禁について説明してきて思うことは、つくづく人間というのは、厄介な生きものだということだ。尿意があっても、身体機能の衰えなどで、誰でも失禁してしまうことがある。そして、身体機能の衰えは老いと深く絡んでいるので、年をとるとますます誰でも失禁しやすくなる。年をとることは社会的には成熟していくといわれてきたはずなのに、身体機能のほうはどうしても衰えていく。だから、どんなに頭脳明晰であろうとも、どんなに人格者であろうとも、老いていけばいつかは直面してしまうとてもアンビバレントな問題なのだ。

だからこそ、金井さんは、一所懸命データを集め、研究し、二十年以上かけて寝床とトイレがゼロメートルの『多機能マットレス アリス 凜』を開発したのだろう。

誰でも、いつかは自分でコントロールできなくなる問題だから。そして、人間としてのプライドの問題でもあるから。

第6章

なぜ、金井さんは
紙オムツがダメと言うんだろう?
なのに、なぜ、
紙オムツが全盛なんだろう?

高分子吸収材の登場で、ぐんとよくなった紙オムツ。

子育ての世界では、「紙オムツか、布オムツか」という論争はまだ少しはあるものの、オムツを使うのは当たり前だ。それも、ある民間の二〇〇八年の調査によると、九割近くが紙オムツを使用している。

この場合は、もの言えぬ赤ちゃんだから、紙オムツを選択しているのは、むろん親側、面倒をみる側だ。

また、紙オムツというのは、どんどん進化しているらしい。

お尻の皮膚が直接触れる部分は不織布になっていて、排尿しても表面がいつもサラッとしていると商品説明にある。高分子吸収材というものが入っていて、それが水分をたっぷり吸収してくれるために、かんたんに漏れたり、逆戻りしたりもしない。

布オムツだとオシッコをすると気持ち悪くて泣いて訴えた赤ちゃんが、紙オムツに変えたら泣かなくなった、という話すらあるくらいだ。

だから、紙オムツメーカーは胸を張って、赤ちゃんにとっても使い心地がいいし、お母さんにとっても清潔で安心ラクラクと宣伝している。

一見すると、いいことづくしの紙オムツ。

実際に、日本衛生材料工業連合会によると、高分子吸収材以前の一九八二年の紙オムツと、以降の一九九〇年の紙オムツの一日の使用量は、平均七・七枚から五・五枚に減少している。

赤ちゃんも泣かないし、オムツかぶれも起きにくくなったし、オムツを替える手間も減ったし、ゴミも減った。

いろんな意味で、今どきの紙オムツは、使い勝手がいいのだ。だから、今のお母さんにとっては、紙オムツはあまりに当たり前で、これでいいのかと深く考えることもない。せいぜいゴミ問題に関心を持っている人が、燃えるゴミなのか埋め立てゴミなのか、環境にはいいのだろうか、などいくつかの疑問を持つぐらいだろう。

ならば、大人になったら、なぜ、オムツではいけないと、金井さんは言い張るのか。

今、老人が使っている大人用の紙オムツは、サイズは大きいけれど赤ちゃん用の紙オムツとまったく機能は同じだ。

日本では高分子吸収材を使った赤ちゃん用紙オムツに一年遅れて、一九八四年、大人用が発売されている。一枚で、数回分の排尿をしっかり吸収するように設計されていて、尿が逆戻りしない、横漏れしない、シーツやマットレスを汚すことがない、そして、皮膚にはそれまでのものより優しい、優れもののオムツなのだ。

ぐっすり眠れるスゴい吸収量の夜間用紙オムツ。

一九九四年には、赤ちゃん用にもあった下着感覚の大人用パンツ型紙オムツも発売されている。リハビリパンツともいうらしい。寝たきりで動けない人用ではなく、日常的に尿失禁で困っている人のための商品だ。

それまでトイレが近くて外出を控えていた老人が、おしゃれして気軽に外出できるようになったというテレビＣＭを流している、あれだ。

赤ちゃんの場合は、パンツ型は歩けるようになってからのオムツで、そのあとオムツをとるためのトイレトレーニング用専用パンツというものも用意されている。

大人用の紙オムツは排泄量がとにかく多いからだろう、夜間用の紙パッドは一回百五十ミリリットルの尿を六回分吸収するというものまである。つまり、九百ミリリットル用だ。介護される側も、介護する側も、一晩ぐっすり眠ることができる吸収量である。

紙オムツなら、心ゆくまで介護ができる⁉

そんなに素晴らしいならば、昼間だって、一回でも、二回でも、紙オムツにすれば、介護者にとっても要介護者にとっても楽になるはずだ。

なぜなら、身体を自由に動かせない老人を、いちいち、起こして、支えて、車イスへ、ポータブルトイレへ移動させるということは、介護者にとっても要介護者にとっても、大変なことだからだ。

それだけではない、その移動最中に、何か失敗があったら、もっと大変なことになる。

だから、紙オムツメーカーは、排泄はかんたんラクラクの紙オムツにして、その分できた身体と心の余裕で、大切な人の介護をしようというキャンペーンも行っているのだ。

無理をすると必ず破綻するから、無理しない介護のすすめなのだ。なんだかとっても心に響くメッセージだ。

今や、人は、生まれたら赤ちゃん用テープ式紙オムツ→赤ちゃん用パンツ式紙オムツとなり、老いたら大人用パンツ式紙オムツ→大人用テープ式紙オムツで、死んでいくことが当たり前になっているようなのだ。

しかし金井さんは力説する。「人権蹂躙よ！」

「尿意や便意のあるうちは、たとえ寝たきりでも、オマルとかを使って、排泄させるようにしないと、脳がどんどん退化していくのよ！　そんなの人権蹂躙《じゅうりん》じゃない。とにかく人間として、ちゃんと扱って欲しいのよ！　私はオムツなんかにされたくないの」

金井さんは、訴える。

〝オムツの中で垂れ流すことは、人間を捨てることと同じです〟。

これは、前にも書いたが、金井さんが出そうとした本のタイトルだ。

〝覚せい剤やめますか？　それとも、人間やめますか？〟という覚せい剤撲滅キャンペーンがあったけれど、オムツは覚せい剤並みなんだろうか？

まだ、人間になっているといえない赤ちゃんならばいいけれど、長い間、人間をやってきた老人が、オムツすると人間でなくなっちゃうということなのだろうか？

金井さんは、言うのだ。

〝まだ、濡れたことがすぐにわかる布オムツのほうが、紙オムツよりましだ〟と。

えっ、でもそれじゃあ、気持ちが悪いじゃないか？　と、普通は考えるだろう。

しかし、その気持ち悪いと感じることが、人間にとってとても大切なことのようなのだ。

金井さんの言い分を紹介しよう。

紙オムツはあの認知症を引き起こす原因のひとつだ。

「おばあさんが、紙オムツされてニッコリ笑っているテレビのＣＭを見るたびに、なんて恐ろしいって思うわ。紙オムツは確かに便利よ。他の人に粗相したことがバレないですましていられるし、臭いも隠せるし、捨てるのもかんたん。でも高齢者にとって、あんなに怖いものもないわ！」

金井さんはきっぱり言い切る。そして、続けて出てくる言葉は、こうだ。

〝みんな、紙オムツはいいものと洗脳されている。看護師もヘルパーも、利便性に負けて、紙オムツの問題を考えようともしない。市町村によっては、紙オムツを無料配布までしている〟

「ある市長曰く、自分の代で中止したら恨まれて次の選挙が危ない、って。そのせいで大衆は、何の疑問も抱かず、良いものだと信じ切っている。でも、利便性ばかり追求していると認知症の高齢者が増える一方よ。麻薬と同じ。使い方を間違えたら、どんどん認知症が増えるのよ。もう少し寝たきりになったときの排泄方法の選択肢を広げないとダメよ」

えっ、紙オムツにすると認知症が増えるんだ⁉　知らなかった……。

普通、オシッコは一日に五〜七回、ウンチは一〜二回。

人は健康ならば、尿意や便意があってから、トイレに行き排泄する。健康な人の一昼夜のオシッコの回数は、もちろん人にもよるが、五〜七回くらいといわれている。そのうち、夜間の排尿は、〇〜二回。ウンチの回数は、おおよそ一日一〜二回。

オシッコの場合は、口から摂った水分や体内で行われた代謝による水分の約七十％が腎臓で尿に生成され、尿管を通り随時膀胱に送られる。尿が一定量膀胱に溜まると、脳にその刺激が伝えられ、尿意となる。おおよそ百五十ミリリットルで軽い尿意、二百五十ミリリットルで強い尿意を感じるらしい。

ウンチの場合も、摂取した食べ物は胃で消化され、腸で必要な栄養分だけ吸収される。残った繊維や老廃物などの不要なものが固形になり直腸に送られると、その刺激がやはり脳に送られ便意となる。自分の身体の中で起こったそれらの刺激が脳に伝わり、初めて私たちは「トイレに行きたいな」と感じるわけだ。

もちろん、感じてもすぐに出てしまうわけではない。それから、トイレに行き、排泄の準備が整ってから、「排泄可能」という指令が脳から排尿筋や排便筋に伝わり、排泄に至る。私たちがふだん何気なくしている排泄という行為。そのために、私たちはかなりしっかりと自分の頭を回転させているようなのだ。

私たちは、毎日、毎日、頭を使って排泄している。

「オシッコしたいな、トイレはどこにあるのかな、ちょっと遠いからまだ我慢しなくちゃ、間に合うかしら、あわてている姿を誰かに見られてしまわないか、トイレは不潔ではないか、下着を下ろし、ここで排泄して汚れないかしら、そんなことをすべてクリアして、やっと準備が整ってから、いきんで出したあと、気分よく出きったかとかも確認して、それからお尻を拭くでしょ。排泄という行為には、こんなに複雑な状況判断とか心構えがあるんです。ここで今排泄してよいと状況把握ができて納得したあと、やっと前頭葉から脳幹の排泄中枢に指令がきて、排泄しているの。ひとつひとつにけじめがつけているの。頭をしっかり使っているんです」

排泄について、ここまで深く考えたことはなかったけれど、金井さんの言う通りだ。

猫や犬もちゃんと排泄場所を選んでから排泄するけれど、社会的な動物である人間は、頭を使い、もっと複雑な手続きを踏んで毎日、何回も排泄しているのだ。

人間って、結構大したものなのだ。

紙オムツだと、その脳の回路を使わなくなる。

「でもね、オムツが長くなると、そんなまわりくどい脳の回路を使わなくなる。いつ、どこでもお構いなく排泄していいことになるから、尿意、便意など関係ないから、四六時中トイレに座っているのと同じ状態だからね」

つまりオムツ状態が続くと、頭を使わなくなって、そのうち尿意、便意を感じなくなり、垂れ流しになって、そのうち排泄したことすら気がつかなくなり……、どんどん脳の働きが衰えてきて、結果、認知症になる。

だから本人が気持ち悪いと感じる布オムツのほうがましだ、と金井さんは言うのだ。そのほうが、まだ頭を使っている、と言うのだ。

介護の現場に長く関わってきた奥川さんも、言う。

「オムツは、認知症のきっかけのひとつです。私がこの仕事に就いたころにすでに言われていたことは、オムツを取り替えているとき羞恥心が残っている間は認知症もまだ初期だと。今の話は、オムツにすることで認知症の進行が進む人がいるっていうことです。ただし、認知症の原因とは言い切れないけれどね」

それなのに、私たちは、便利だから、介護がラクだから、紙オムツが高性能になっているから、世の中がみんな使っているから、何も考えずに寝たきりになったら〝紙オムツ〟と思っていないか？　頭から、〝紙オムツ〟しかない、と信じ込んでいないか？

寝たきりにも、認知症にもなっていない私たちだが、すでに頭の思考回路が止まっているのかもしれない。

まだまだある、オムツがダメな理由。オシッコの場合。

「オムツされて、上向いて寝たままでオシッコしたらどうなるか、考えたことある？」

今度は、金井さんはこう切り出した。

子どものころの、寝小便の記憶を辿ってみる……。

さて、どうだったかなあ、う～ん。股部分が、ジワッと生温かく濡れた記憶ぐらいしか、思い出せない。

金井さんの説明によると、少しは尿は出るそうだ。しかし、寝たままなので膀胱中に尿が残り、いわゆる残尿状態になる。だから、いつもオシッコしたい気分が続いてスッキリしない。寝たきりになると、抵抗力が落ちるので、膀胱炎や腎盂《う》炎にもなりやすい。

また、少しずつ出ることになるので、オムツの中はいつも少し濡れている状態になるそうだ。そうすると、お尻はオムツかぶれを起こす。赤く腫れて痒くなるのだ。そのまま放っておくと、ただれて痛くなってくる。高分子吸収剤を使った紙オムツの説明書には、濡れた感じはしないとあるけれど、かぶれの原因になる尿はジワジワと出ているわけで消滅しない。ゆえに、かぶれてしまうのだ。

寝たきりならば、出るわけはないウンチの場合。

ウンチはどうなのか。上を向いて寝かされたままの排便って、可能なのだろうか？

こればっかりは、赤ちゃん時代しか経験したことがないので、残念ながら記憶に残っていない。想像するしかない。

「寝ていると、肛門の上に便が乗っかっていることになるでしょう？　ウンチは横にずれながら直腸を通って、肛門に辿り着かないと排泄できない。しかも腹圧もかからないので、いきみにくい。だから、出ない。出るわけないのよ」

確かに、想像するだけで出にくそう。

私たちは、ふだんトイレで、重力と、肛門へ向かっていきむという力を借りて排便している。だから、寝たままだといきめないだけでなく、ウンチは横移動しなくてはならないので、便秘になりやすくなる。

じゃあ、出ないウンチはどうなるのか。

金井さん曰く、ウンチの水分だけ、下痢のように排出されるのだそうだ。けれど、移動しにくいウンチの塊は腸の中に残り、水分だけはどんどんなくなり、ついには石のように硬いウンチのみが残ってしまう。コチンコチンのウンチだ。ここまでくると、当然、当人は苦しくてたまらないだろう。痛みを感じる場合もあるかもしれない。けれど、もうコチンコチンだから、浣腸しても、なかなか出てこない。そうなったら、どうするのか。

ウンチがコチンコチンになったら、「摘便」だ。

「肛門に指を入れて、指関節が痛くなるほどほじくって、ウンチを出すの」

看護師や家族が、肛門に指を突っ込んで、ほじくり出すのだ。このことを、「つまむ」

便と書いて摘便《てきべん》と言う。一応、医療行為となっているので、誰もができるわけではない。

ウンチがお腹に溜っているのに出ないということも十分に辛いだろうが、肛門に指を入れられてほじくり出されるのも辛くて痛いに違いない。それも人にやってもらうのだから、おそろしく恥ずかしいだろう。もちろん、ほじくり出すほうも、あんまりいい気分はしないだろう。できればやりたくないに違いない。

逆に、下痢になった場合も悲惨だ。オシッコ以上にオムツかぶれの原因になる。女性の場合は、尿道や膣《ちつ》の中まで、ウンチが入り込んだりして、カンジタ膣炎になってしまったりもする。これは、ものすごく強い痒みが出るという。

家族にも見せてくれない、寝たきり老人のオムツの中。

「長い間寝たきりの老人のオムツの中は、とんでもないことになっているのよ、知っている？　これが証拠よ」

金井さんは、何枚もある写真を差し出した。そこには、正直言えば見たくない、ここには掲載することもできない、オムツの中のウンチまみれのお尻が写っている。男性の写真も、女性の写真もある。

「施設に家族がオムツの中を見たいと申し出ても、プライバシーとか言って、見せくれないところが多いんだけどね。当たり前といえば当たり前よ。すべてがヒドいとは言わないけれど、凄《すさ》まじいことになっているのよ。お尻は、真っ赤か。皮膚はむけるわ、水泡はあるわ、血が滲《にじ》んでいる。女性はとくにヒドいのよ。構造上、どうしてもね。赤ちゃんと違って、老人は栄養状態も悪く、体力もないから、少し不潔にしていればすぐこうなってしまうの。お腹を壊して、下痢なんかしようものなら、あっという間に最悪な状態になる。陰部のただれと、仙骨《せんこつ》部《ぶ》の床ずれが繋がって大きなひび割れが出来ていたりするのよ。もう地獄よ」

確かに、写真で見る状態は、十分に悲惨だ。

介護者も、要介護者も、語りたがらない「排泄」のこと。

人は、生きているから毎日食べる。毎日食べるから、毎日排泄する。

それが、生きているということだ。

そして、人は食べること、つまり入り口のことは、とても熱心だ。おいしいものがいいとか、栄養があるものがいいとか、フランス料理がいいとか、いろいろ考えるし、語りたがる。

けれど、排泄——出口のことになったとたん、考えることを、語ることを止めてしまう。汚いから、臭いから、見たくない、見せたくない。そして、考えたくないから、考えない。これは介護の現場でも同じだ。介護する側も、介護される側も、考えない、語らないのだ。

特に弱い立場である介護される老人は、恥ずかしいから、どんなに痒くても、痛くても、なされるがまま、我慢するしかない。見栄もあるから、ボケたふりをするしかない。

そうやって感情を押し殺しているうちに、徐々にイヤだ、辛いという感情も起こらなくなり、認知症になっていくのだろう、たぶん。

私たちは、肝に銘じないといけない。頭は、よくも悪くも、使わないとダメになるのだ。

第7章

医療崩壊、福祉崩壊の
この時代に、
オムツ交換なんかに
介護保険を使っちゃ
いけないのだ!

「お金だって、無駄なんだから！」金井さんのオムツ批判。

「在宅介護で介護保険を使って、オムツ交換を頼むと、実際どのくらいかかるか知っている？　オムツ交換は、ヘルパー二人使って、夜中一回、昼間二回で、月約三十万ですよ、国から出すお金が。介護を受ける側の負担はその一割だけれど、オムツ替えだけで三十万円。それじゃあ、介護保険やっていけないわよ。破綻するわよ。私それを知って、ビックリこいちゃったわよ」

金井さんの話はかなり大げさだ。

たしかに、体重の重い人などの場合は、介護ヘルパーが二人必要な場合もあるだろう。でも、オムツ交換の基本は、一人だ。

また、割増料金になる夜間のオムツ交換は、現状は減ってきているようだ。その理由は、夜間ヘルパーのなり手がなかなかいないことと、紙オムツが高機能になって交換をしないでもすむようになったことにあるらしい。

もちろん、後者については反論もあるだろう。この、夜間のオムツ交換が必要なくなったという見解は、一部の介護専門家の意見に過ぎない。

介護の社会化には成功したが、問題山積みの介護保険。

介護保険制度は、二〇〇〇年の四月からスタートした。

これは、それまでは家庭の中の問題だった老人介護を、それではもう持たなくなってきたので、社会全体で看ていこうということで十五年かけて練られて始まった制度だ。こういうとスゴくいい制度のようだが、介護の社会化には成功したが、ご存知の通りあまりうまく回っていない。

介護保険の中身はとても複雑で、今後も変わっていく可能性もあるので、仕組みがどうなっているかを詳しく説明するのは難しいのだが、要約すると、要介護と認定された人は、介護保険を使っていろいろなサービスが利用できる。

ただし、実際にかかった金額の一割を利用者が負担しなくてはならない。認定には段階があって、要支援1〜2、要介護1〜5と、全部で七段階。要介護の度合いにより、介護保険のサービスを使える限度額が決まっていて、限度額を超えた場合はその分すべて実費となる。この中で、寝たきりといわれるのは、主に要介護4や5と認定された人たちのことだ。

これまた二〇〇八年から始まった後期高齢者医療制度のおかげで、七十五歳以上の後期高齢者は、扶養してくれる家族がいようが、夫婦であろうが、一人一人、健康保険料を払わなくてはならなくなった。もちろん、介護保険料も払った上でだ。

政権政党まで変えてしまった「後期高齢者医療制度」。

介護保険も後期高齢者医療制度も、強制加入。お国の施策だから、有無を言わせない。そして、介護サービスを受ければ、一割負担しなくてはならない。

当然医療費もかかる。今のところ、病院の窓口負担も三割だ。厚生労働省の「平成二十年度　医療費の推移」の調査によると、七十五歳以上高齢者の年間医療費は、平均八十六万三千円。全世代平均の年間二十六万七千円の三倍強に当たる。高齢者は医療でもお金がかかるのだ。介護の社会化はされたけれど、老人個人の負担額は確実に増えている。かつて老人医療の窓口負担が無料だった時代があったなんて、まるで夢のようではないか。

二〇〇九年九月に民主党政権に代わりどうなっていくのかはわからないが、確かにわかっていることがある。政権政党が代わろうが、革命が起きようが、少子高齢化日本の人口構成比からみると、老人医療費、介護費が今後膨大になっていくということだ。結果、〝医療費、介護費をもっともっと抑制しなければいけない〟ということになる。

介護保険の在宅サービス限度額

	要介護度	介護度認定の目安	在宅サービス支給限度基準額		
			居宅サービス費	住宅	用具
予防給付	要支援1	障害のために生活機能の一部に若干の低下が認められ、介護予防サービスを提供すれば改善が見込まれる。	4万9700円	20万円	10万円／年
予防給付	要支援2	障害のために生活機能の一部に低下が認められ、介護予防サービスを提供すれば改善が見込まれる。	10万4000円		
介護給付	要介護1	身の回りの世話に見守りや手助けが必要。立ち上がり・歩行などで支えが必要。	16万5800円		
介護給付	要介護2	身の回りの世話全般に見守りや手助けが必要。立ち上がり・歩行などで支えが必要。排泄や食事で見守りや手助けが必要。	19万4800円		
介護給付	要介護3	身の回りの世話や立ち上がりが一人ではできない。排泄などで全般的な介助が必要。	26万7500円		
介護給付	要介護4	日常生活を営む機能がかなり低下しており、全面的な介助が必要な場合が多い。問題行動や理解低下も。	30万6000円		
介護給付	要介護5	日常生活を営む機能が著しく低下しており、全面的な介助が必要。多くの問題行動や全般的な理解低下も。	35万8300円		

出典／独立行政法人福祉医療機構　WAM NET「介護早わかりガイド」2010年度版より

＊居宅サービスでは、予防給付の要支援1や要支援2に該当した人には「予防中心のサービス」が提供されます。手続きの流れや利用できるサービスが、介護給付の要介護1～5とは異なりますので、注意が必要です。

金井さんは、だからこそ言うのだ。
〝オムツ交換ごときにお金を使うなんて、個人にとっても国にとってももったいない！〟

介護保険を使うとオムツ交換一回三十分未満で二百五十四円。

おお、安いじゃないかと言う人もいるだろう。でも、これはあくまでも一割の自己負担額の話だ。そして、オムツ交換は、一回というわけにはいかない。一日五〜六回は必要だとして、そのうち一日三回のオムツ交換を、介護ヘルパーに頼んだらどうなるか。

在宅でのオムツ交換は居宅サービスの中の介護ヘルパーが行う訪問介護の身体介護という項目に含まれている。二〇〇九年度の介護報酬単価改定によると、訪問介護の身体介護は一回三十分未満で、基本の自己負担額は二百五十四円。実は、地域によって若干、額が違う。掛け率というものがあって、物価も高く介護の必要な老人に対しヘルパーの数が少ない都市部は、少し高めになるようになっている。ちなみに、特別区の東京都二十三区の掛け率は、一・一〇五だ。

ここでは地域差を考慮に入れずに、考えてみる。一回三十分未満を一日三回と考えると七百六十二円。一ヵ月を三十日と考えて、自己負担は約二万二千八百六十円。自己負担は

〈介護保険〉居宅サービス・訪問介護の身体介護の介護報酬の単位
（2009年度版）

		昼間	早朝・夜間	深夜
		午前8時〜午後6時	午前6時〜8時、午後6時〜10時	午後10時〜午前6時
身体介護1	30分未満	254	318	381
身体介護2	30分以上60分未満	402	503	603
身体介護3	60分以上90分未満	584	730	876
以降超過分	30分ごと超過につき	83		

介護報酬の算定方法

1. 月に何回のサービスを受けたか、
受けた各サービスごとに単位を合算します。

2. その合算した単位に地域による加算を掛けます。
一般的には単位に10を掛けます。都市部などでは加算があり、
特別区、特甲地、甲地、乙地などのランクがあります。
最も加算の大きい東京都23区の特別区では、訪問介護の場合、
加算は11.05になります。

3. 小数点を切り捨てた数字、これが事業者の受け取る介護報酬額です。
（これはあくまでも事業者のもので、
ヘルパー個人が受け取るものではありません）

4. このうち90%が、介護保険から給付される金額になります。

5. 残りの10%が利用者負担、つまり自己負担額となります。

＊上記の表は、あくまでも居宅サービスの訪問介護の中の身体介護のみの報酬単位です。
＊サービス支給限度額を超えると、超えた分は全額負担になります。
参考資料／ホームヘルパー井戸端会議・介護報酬の単価ガイドより作成

一割だから、オムツ交換だけで、実際の利用額は二十二万八千六百円かかっていることになる。金井さんが言っている通り、なかなかスゴい額だ。

一〇九ページの表にある通り要介護4の居宅サービス費の利用限度額は、月三十万六千円。要介護5は、月三十五万八千三百円。限度額まで一割負担で利用できる。介護保険での寝たきりとは、主に要介護4と5のことで、寝たきり状態というだけではなく、問題行動があったり、認知症があったりと、二十四時間全面介助の必要な人たちだ。

夜間や早朝にオムツ交換を頼むと、もっと高くなる。

早朝（午前六時〜八時）と夜間（午後六時〜十時）は、一回三十分未満で自己負担額は三百十八円。深夜（午後十時〜午前六時）は、同じく三百八十一円。介護者が一人の家庭で、その人が夜間の仕事だったら、深夜や早朝のオムツ交換が必要になる場合あるだろう。そうすると、最も介護を必要とする要介護4や5の人の利用限度額が、金井さんの言うように、オムツ交換だけで終わってしまうことになるのだ。

居宅サービスには他に、訪問介護、訪問入浴介護、訪問看護、訪問リハビリテーション、居宅療養管理指導、通所介護、通所リハビリテーション、短期入所生活介護、短期入所療養介護、認知症対応型共同生活介護、特定施設入居者生活介護、福祉用具貸与などいろいろある。可能ならばオムツ交換だけでなく、誰もが他のサービスも受けたいと思うだろう。

実際に、要介護4や5に認定される老人がいる家庭は、ほぼ満額介護保険サービスを受けるという。介護は大変だ。自分たちだけでやるには限度があるから、できる限り公的サービスを利用しようと考えるのは、当然だろう。介護保険は、この他に、年間十万円の用具費、住宅の改修費として二十万円の利用も可能だ。介護者がいる家庭にとって、とてもありがたいシステムに思える。しかし、年間でオムツ交換の居宅サービスだけで、実際には老人一人で約三百七十万〜四百三十万円ぐらいの介護費がかかることになる。

おそらく要介護4〜5の人たちは何らかの医療も受けているだろうから、そうすると年間おおよそ五百万円は実際にかかっていることになる。しかも、この高齢者医療費のほうも、年々増加の一途なのだ。

どんどん増える高齢者の介護費と医療費。

ちょっと古い調査なのだが一九九八年の国民生活基礎調査によると、六十五歳以上の在宅要介護者数は、約百万四千人。このうち、まったく寝たきりと、ほとんど寝たきりの要介護者は、約三十一万六千人。在宅要介護者の約三十一・五%が寝たきりなのだ。

これは、団塊世代が六十五歳以上になっていない時点での数字だ。

団塊世代は、あと十五年後の二〇二五年には後期高齢者の七十五歳に突入する。厚生労働省の予想では、その五年後二〇三〇年には七十五歳以上が約二千二百六十六万人となり、総人口の二割を占めるとされている。これは、二〇〇五年の七十五歳以上の人口の約二倍だ。どんなに医療が進んでも、リハビリで頑張っても、今後、ずっと寝たきり人口は増えていくことになる。

介護保険の利用者自身は一割負担だとしても、後期高齢者医療制度の窓口負担が三割だとしても、実際にかかっている介護費と医療費を全体で見るとスゴい額になっているし、これからもっと増えていくのだ。

これらを、すべて国や自治体のお金や、みんなが負担している介護保険料や健康保険料などでまかなっていかないといけないのだ。

いや、国や自治体のお金も正しくは税金だから、私たちみんなのお金でまかなっていかなくてはいけないのだ。

一方で、介護の人手も足りなくなっている。

一方で、介護報酬で算出される介護ヘルパーの賃金は、平均月給が約十二～十九万円（二〇〇〇年に行われた介護労働安定センターによる介護実態調査の三級～一級ヘルパーのフルタイムの平均賃金）といわれていて、介護報酬が改定され、若干上がったが、相変らず仕事内容に対してあまりに安く、社会問題になっている。〝安くて、きつくて、汚い〟から、ヘルパーのなり手がいないのだ。しかし、人を集めるために、介護ヘルパーの賃金を、他の職種並みに上げたら、もっと保険料も負担料も上げなくてはならなくなるのは自明の理だろう。

また、膨大なゴミになる紙オムツの処理費用もみんな税金だ。そして、多量ゴミによる、環境破壊も深刻な問題だ。

老人大国になってしまった日本の未来は、真っ暗闇なのだ。

金井さんは、厚生労働省や東京都、政治家、看護師協会に、それでも紙オムツのままでいいのか、文書を作成し迫ったのだが、残念ながら今のところいい回答は得られていない。お役人たちの頭では、寝たきり老人の排泄ケアの方法として、紙オムツ以外の手を思いつかないからだろう。しかし、その間にも問題は、どんどん複雑化し深刻になっている。

介護保険のオムツ交換は人手だけのサービス。

そこで、またまた登場するのが、金井さんの紙オムツ批判だ。金井さん曰く、紙オムツにしていると、個人も破綻するというのだ。

介護保険以外の自己負担は、排泄だけに限って考えても、お金がたくさんかかると言う。介護保険のオムツ交換は、あくまでも人手だけのサービス。人件費にしか過ぎないからだ。

一部の市町村など、自治体によっては無料支給しているところもあるようだが、基本的には紙オムツ代は自己負担だ。他にも、ティッシュペーパー代だとか、濡れティッシュ代だとか、シーツ洗濯代だとか、いろいろと排泄ケアには、お金がかかる。

寝たきり老人を抱えた家庭の実例を見てみよう。在宅で寝たきり老人を介護することで起こるさまざま問題がわかるだろう。

金井さんのところに実際にあった相談例だ。

九十四歳の母親を娘がひとりで在宅介護している。母親は、若い頃は、おしゃれで趣味も多彩で、なんでもこなす活動的な人だったと言う。

そんな人でも、老いは必ずやってくる。排泄の問題が出てきたのだ。最初は、トイレに間に合わず失禁してしまっても、夜毎、布団を汚すようになっても、本人はその事実を認めようとしなかった。そのうち仕方なく自分でオムツパッドをするようになるが、オムツパッドを変えるときに、〝下着に汗かいちゃったわ〟など言い訳していた。排泄に関して、かなりこだわりがある人なのだろう。

しかし、ますます老いが進み、とうとう寝たきり状態になった。パンツ型紙オムツでは間に合わなくなり、テープ型紙オムツに。漏れ防止のために、尿パッドも重ねて使うようになる。

在宅排泄ケアの最初の悩みは、臭い、ゴミの山、大量の洗濯物……。

まず、娘を悩ませたのは、部屋中に広がるアンモニアや便の鼻につくような臭い。そして、毎日排出される紙オムツのゴミの山。この家庭では、オムツを替えるたびに新聞紙に包んでからゴミ袋に入れている。大人用の紙オムツは大きい。一日で五回ほどオムツを替えるだけでも、膨大な量のゴミになるのだ。

また、大人用のオムツをストックしておく場所も問題だった。なくなると困るし、配達してもらうためにはまとめ買いしかない。介護ベッドを入れ、ただでさえ狭くなった部屋に、多量の大人用紙オムツを壁のように積み上げるしかなかった。

完全に寝たきりになると、他にもいろいろと問題が起きるようになった。

ちょっとした身体の動きで起こるオムツのずれによって、尿や便が漏れてシーツが汚れる。寝たきりの老人のシーツや寝間着の交換は重労働だ。また、大量の洗濯物が出る。

そして、オムツによるムレから起きるお尻のタダレ。タダレを防ごうと小まめにオムツを取り替えようとすると、思い通りに身体が動かない本人が苛立ち抵抗するようになった。ウンチもうまく出ないために、もっと苛立つように。介護する娘も、どんどん疲れていく。オムツを取り替えてから、買い物に行こうとすると、直前にウンチをしてしまうことも。外に出かけても、気が気ではないので、用を済ませたらすぐに家に帰る毎日。介護の負担をできるだけ軽減するために介護保険を使い、一日三回のオムツ交換を頼んだ。

介護保険以外で排泄ケアにかかる費用はざっと月五万円。

しかし、最大の問題は、介護保険に含まれないオムツ代などの排泄にかかる費用だった。

ざっと数字を上げるとこんな感じだ。

まず、テープ型の紙オムツは、一箱三十枚入りで三千円。これだけでも、一日平均五枚使うとして、月一万五千円だ。その他、漏れないよう紙オムツと重ねて使う尿パッド。これは、一箱三十枚入りで千円で、一日八枚使うと月八千円。まだまだある。漏れたときのために、汚れ防止横シーツ、三枚で九千円。排泄後お尻を拭くための濡れティッシュ代、月二千五百円。同じくティッシュペーパー代、月二千円。排泄介護のためのヘルパー用ビニール手袋代、月三千円。タオル、月千五百円。ゴミ捨て用ビニール袋、月千五百円。汚れた毛布や布団の洗濯代、五千〜一万円。大量なぼろ布や、新聞紙、お尻の洗浄用具、スポンジ、洗剤、お尻を乾かすためのドライヤー、オムツかぶれのための塗り薬、乾燥させるためのパウダー、消臭剤、排便させるための浣腸などなど、月五万円はかかったという。

排泄ケアだけでも、介護保険込みで月額七万以上。

つまり、介護保険を使っても、実際に個人が支払う金額は、排泄ケアだけで七万円以上かかってしまうことになる。

これに、医療費、介護保険料、健康保険料……。わずかな年金収入しか無い老人に、介護と医療だけで、これだけの負担額。幸いこの母親は夫の遺族年金もあり、少しは余裕があったので、何とかしのぐことができた。しかし、これから老いを迎える世代は、肝心の年金も危ないといわれているのだ。だから、と金井さんは言う。

「一日、一回でも、二回でも、夜だけでも、『凛』の上で排泄すれば、公的費用も、自己負担の費用も、減るんです。ゴミの量も減るんです。私はヘルパーに、オムツ交換じゃなくて、もっとお話したり、ほめてあげたり、そういうことをして欲しいんです」

お金の負担も減れば、心の負担も減る。オムツ交換も、介護者にとっても、要介護者にとっても、負担だ。それらが減れば、双方に心のゆとりが生まれるに違いない。

いつかは私たちにもやってくる、寝たきり後の排泄問題。金井さんの作った『多機能マットレス アリス 凛』は、果たしてこの大問題の救世主となりうるのか。

第8章

「寝たきり」がなぜ、こんなに
問題視されるように
なったのかを考えてみた。

長寿のおかげで行き場を失った老人たちの出現。

奥川さんがいた東京都老人医療センターは、当時も今も、老人医療の最先端だ。老人医療費窓口負担無料化、無料化廃止、老人保健法成立、そして介護保険施行直前まで、奥川さんはソーシャルワーカーとして約二十五年間働いた。そこで奥川さんが見た老人医療や、老人介護の現状は、今、日本全体で起きている老人問題と完全に重なっている。つまり、老人医療費窓口負担無料化のおかげで、具合の悪くなった老人たちはどんどん医療を受けるようになり、入院し、その結果、どういう状態であれ、長生きできるようになった。

そして、それまでは想像もしなかったことに、奥川さんは出くわすことになる。退院後、いろんな理由で、家に引き取れないという家族が続々と出てきたのである。

「親を自分の手で看取るという規範が崩れ始めてきた頃なんです。その当時はまだ、子どもが看てくれるという価値観が老人側にあって、自分は親を看て来た、そして見送った年寄りたちが、子どもに捨てられてしまうというところで、私はずっと仕事をして来たのね」

医療ソーシャルワーカーは、何らかの疾患を持つ患者が社会復帰できるように、患者やその家族のために、社会福祉の立場から相談に乗ったり、アドバイスしたり、さまざまな援助を行うのが仕事だ。奥川さんのような老人専門病院の医療ソーシャルワーカーの場合は、老人患者の退院後について家族の相談に乗ることも重要な仕事となる。

つまり、医療を受けて命を長らえた老人たちの自宅以外の行き先、老人病院、老人ホームなどの施設を探し、紹介することが、奥川さんたちの仕事のひとつになったのだ。

子どもたちはいろいろな理由で親を捨てた。

「子どもは親を捨てたのよ。親も捨てられたのよ。そのことをわかっている年寄りとばっかり、会っていたの。直接的には、その家族をサポートしていた。私がやることは、老人病院をいっぱい知っていて、ネットワークもいっぱい持っていて、そこに紹介すること」

仲間のソーシャルワーカーには、自嘲気味に〝手配師みたい〟と言う人もいた。それでも、奥川さんは、そうは思わなかった。いや、プロなのだから、思わないように心がけた。

「ソーシャルワーカーである私がやるということは、目の前の年寄りが少しでもいい状態で、より快適に残り少ない時間を過ごせるような場所を選ぶことなのよ。その人の生き方を理解した上で、家族ともきちっと調整した上でね。そこに私はアイデンティティを置けたから、やっぱり違うわよ、専門職がやる意味はそういうところにあるんだからって。でもね、年寄りにとっては、死に場所探すようなものだからね」

施設に入ったら、その老人はそのままそこで死ぬことになるだろう。家族もあまり訪ねて来てくれない。家から距離が離れたら、なおのこと期待できない。それが現実なのだ。

奥川さん曰く、寝たきり老人は〝新人類〟である。

「だから、そういう意味で、長く生きすぎて不幸、っていうのをいっぱい見て来たからね。それればっかりの中で、若い頃から私は仕事してやってきたんだから。年を取りすぎて、不幸。だから、考えざるを得なかった。なんでこんな人類が出現したんだろうって。だから〝新人類〟と思うしか、なかったのよ。〝新人類〟の誕生を、私は見ていたのよ」

〝新人類〟？

唐突な言葉にちょっと驚いた。〝新人類〟というと、こちらは若い人を思い浮かべる。

「シオドア・スタージョンの一九五〇年代のＳＦ小説で『人間以上』（ハヤカワ文庫）というのがあるのだけれど、そこからヒントを得たの。二十年近く前に読んで、ああ今、目の前にいる人たちは〝新人類〟なんだっていうのが閃いたのよ」

奥川さんは、寝たきりや認知症になった老人たちを〝新人類〟と呼んだのだ。

「だって、やっぱり考えるじゃない、どうして年寄りがこうなっちゃったんだろう、なんで家族の規範は変わっちゃったんだろうと。こういったことが都会を中心にして、どんどん全国に広がっていくのよね。当時の私は、老人の置かれる状況の十年先、二十年先を見ていたから。教科書がなくて、教えてくれる人もいなくて。しかも老人医療センターは大都会のど真ん中で、医者も優秀だったから、より高度で先端だったの。大学病院よりもね。この病院だから、老人は生きるわけなのね。そういう人ばっかり排出するわけよ」

たしかに、医療が発達し、老人が長生きするようになった。医療は病気を治すかもしれないが、老化は止めることはできない。老人医療は、寝たきり期間を長期化させ、老化現象でもある認知症を増加させた張本人ともいえる。結果、老人医療や老人福祉に、莫大なお金と人手がかかるようになった。そして、親を捨てざるを得ない人も出て来たのだ。

「道徳」と「倫理」と「品性」が問われる時代。

「私は渦中で夢中でやっていただけだから、そしたらね、へぇ、なるほどなあ、って、二十五歳からだから三十七年やってきたことを今、ここで説明できるようになったのね。今までいなかった新人類が誕生したんだよ。それまでは今のような寝たきりなんて、いなかった。ボケだってそうでしょ、その前に死んでいたんだから。でも、この人種は、今や日本では新人類じゃなくなっちゃったのよ、大勢になったからね」

小説『人間以上』は、新人類のホモゲシュタルト——集合人——が誕生したさまを書いている。そのホモゲシュタルト、新人類誕生には三つのことが必要だと言うのだ。

「道徳と倫理と品性。私ね、これだと思ったのね。道徳は、個人が生きていくための社会の掟。倫理は、社会の中で生きて行くための個人の掟。それから品性というのは言わずもがなでねえ。それがなければ新しい人類の誕生は迎えられないと書いてあったのよ」

『人間以上』には、品性についてこう書かれている。

〝……それは服従よりも、むしろ信頼を求める掟なのだ。それは品性と呼ばれている。〟

ちょっと難しいけれど、一人では生きていけない、集合人にならないと生きていけない新人類が生存していくためには、個人が生きていけるようにするための社会の掟「道徳」と、個人が社会で生きて行くために自分を律する「倫理」、個人が生きて行くために信頼を得るための人柄「品性」が必要だということなのだ。

人生六十年時代には存在しなかった、寝たきりと認知症。彼らは、誰かの手を借りないと生きていけない〝新人類〟——ホモゲシュタルトではないか。

その〝新人類〟に対して、確かに、介護する側も、介護される側も、社会も、国も、真剣に向き合っていない。

〝新人類〟は社会の中でどうあればいいのか、どういうふうに付き合えばいいのか。自分自身もいつかは、〝新人類〟になる可能性があるのに、考えようとしていない。

だから、捨てられる老人が増えて来たとも言えるだろう。捨てる子どもが悪いと責める人がいるかもしれないが、現実的にどう対応すればいいのかわからないのだ。

だからこそ、奥川さんは言うのだ。

今起こっている〝寝たきり〟問題は、新しい問題なのだ。社会が、そして私たち一人一人が、どう〝新人類〟と向き合うのか、どう一緒に生きていくのか、まさしく「道徳」と「倫理」と「品性」を問われる問題なのだ。私自身も、いつか〝新人類〟になるのだから。

〝寝たきりはイヤ！〟これが、日本の老人たちみんなの願い。

「歯医者っていうのは、治療中に入れ歯を削るじゃない。入れ歯を削る間は、患者は何もしていないのよね。口も開けていない。だからしゃべるのね。そうすると、みんな、寝たきりになって、人に迷惑をかけたくない、オムツになりたくないって、言うわけよ」

と、自由診療の歯科医として長い間、仕事をしてきた金井さん。自由診療で入れ歯を作るということは、どんなに高くてもいいから、とにかくいい入れ歯を使いたいということでもある。保険診療では使えない材料が使えるからだ。じゃあ、なぜ、そんなにたくさんのお金をかけていい入れ歯にしたいのか。

金井さんの説明によると〝できる限り、寝たきりになりたくない→寝たきりになって、人さまに迷惑をかけたくない→そのためには、とにかく健康でなくてはいけない→健康でいるためには、ちゃんと食べられるようにしておかないといけない→だから、いい入れ歯を作りたい〟という流れになるらしい。

「そう、これは患者さんの本音よ。寝たきりがイヤだから、一所懸命噛めるようにしておいて、長生きするんだって、言うわけ」

〝寝たきりはイヤ！　人に世話をされるのがイヤ！〟。これが、老人たちみんなの願い、これに尽きると、金井さんは断言する。

欧米人は寝たきりなったらイコール「死」。

金井さんの話に奥川さんも、同意する。

「そう、日本人の特有の感覚なのね。欧米人は、寝たきりになったら、即、〝死〟なんだって。東京大学名誉教授の大井玄さんが『〝痴呆性老人〟は何を見ているのか』（新潮新書）で、書いているわよ。アメリカは、自分が自立していないとダメな社会なので、寝たきりになる、イコール死。だから、寝たきりになってから、死ぬのが早いんだって」

大井玄氏は、東京大学医学部を卒業後、ハーバード大学大学院、東京大医学部教授を経て、国立環境研究所所長を務めた。その間、臨床医として終末期医療、地域医療などに長い間取り組んできた。

大井氏によると、アメリカ人の最大の恐怖は、老いて痴呆になって、日本でいうところの介護老人福祉施設――ナーシングホームに追いやられること。それは彼らにとって、自立性を失うことは、即、〝死〟を意味することだから。

実際に、この本の中に、二〇〇四年に発表されたある論文によるとニューヨーク州立のナーシングホームの重度痴呆老人について、入所時評価で半年以内に死ぬと思われた人は一％に過ぎなかったのに、実際にはその期間に七十一％が死亡していたとある。

一方、日本人は老いて体力知力が衰えて、特養（特別養護老人ホーム）などの介護老人福祉施設に入っても、平均四年半生き抜くという。

これは、ケアの質などに差があるともいえるが、欧米では、痴呆になったり、寝たきりになったりすることは、もうすでに人間ではないという意識が、ケアする側にも、される側にもあるのではないかというのだ。奥川さんも、ずっと同じように感じていたという。

寝たきりになっても無尽蔵に医療を施す日本。

ベティ・フリーダンの『老いの泉』（西村書店）によると、一九八六年にナーシングホームで死んだ人の四分の一は入所して一ヵ月以内、半分は半年以内だった。

当然生きられるだけの身体機能だとかを持っていても、平均在床期間が少ない。

「要するに死んじゃうのよ。だから、ナーシングホームの待遇が劣悪だと、ベティ・フリーダンは書いたのね。たしかに、アメリカのナーシングホームは劣悪よ。でもね、それだけじゃないだろう、って思っていたの。欧米では、動けなくなること、自分で自分のことができなくなることは、イコール死を意味するんだ、って大井さんが言っているんだけれど、それは、私も前から感じていたことなのね。欧米では、自立していないということはイコール〝死〟。だからヨーロッパは安楽死法があるでしょう？　イギリスでは、合意で六十歳上は人工透析をやらないとかね、そういう考え方がある。でも、日本は寝たきりになっても、痴呆になっても、無尽蔵に医療もケアもやるでしょ」

確かに、日本では、手厚く看護することが当たり前になっているかもしれない。

日本は、寝たきり三年以上が五割弱、十年以上一割。

一九九八年の国民生活基礎調査によると、在宅の六十五歳以上の要介護者の寝たきり期間は三年以上が四十八・七％。十年以上が、なんと十・八％もいる。

日本では、寝たきりになってからが、長いのだ。

「実際に、認知症になって寝たきりで二十一年という人がいたのよ。最期の五年間は胃瘻《いろう》、それで数週間が点滴。身体は拘縮《こうしゅく》で曲がらなくなっていたけれど、死ぬと拘縮がゆるむから、最期の顔はきれいだったね。アルツハイマーで二十一年も生きるってことは、スゴいでしょ。まあ、その人の生命力と、肺炎にかかればすぐ医療機関にかけるといったケアが、懇切丁寧だったからだけどね」

と、奥川さん。

胃瘻とは、口から栄養を十分に摂取できなくなったときに、お腹から直接穴をあけてチューブで胃に栄養を送ること。

そして、拘縮とは長い間寝たきりでいたために、関節や筋肉が硬くなってこわばってしまうことだ。どちらも寝たきりにつきもののケアであり、問題らしい。

しかし、二十一年間寝たきりとはスゴい！　ため息が出てしまう。

自立していない社会。それが日本。

しかし二十一年間とまで行かなくても、日本は、施設でも、自宅でも、寝たきりになると介護する、介護されるのが、まだ当たり前の社会なのだろう。寝たきりになってしまったら、長い間家族に迷惑をかけることとなると、私たちはどこかで信じている。日本人にとっては、寝たきりイコール死ではないのだ。だからこそ、寝たきりになりたくないのだ。死ぬことも当然恐れてはいるのだろうが、寝たきりになって人さまに迷惑をかけることをとても申し訳なく思っているのだ。

よく言えば、人が人を世話するつながりのある社会。悪く言えば、何でも人に頼る、任せてしまう自立していない社会。それが、私たちの国、日本なのだ。

けれど、かつての〝お嫁さん〟機能を果たしてくれる人も、ほとんどいなくなった。誰かが世話をしてくれるというのは、幻想になってきている。奥川さんのソーシャルワーカーとしての二十五年間を見れば、そのことはハッキリしている。だからこそ、介護保険というものができたのではないだろうか。

第9章

そもそも寝たきりについて考える。

誰もが寝たきりになるのだろうか?

〝寝たきり〟とは、どういう状態なのか。

ここまでこの本では〝寝たきり〟という言葉を実にかんたんに何度も使ってきたが、その意味を一度考えてみたい。

まず、一九五三年から開始され、今も続く厚生労働省の『生活基礎調査（旧・厚生行政基礎調査）』での〝寝たきり〟老人の定義は、おおよそ「六十五歳以上の、入浴、衣服の着脱、排泄、屋内移動、食事、体位変換などの日常生活動作をひとりで行うときに支障があり、何らかの手助けが必要な要介護者で、老衰を含む病気やけがなどでほとんど寝たきりの状態が六ヵ月以上続いている人」である。

これだと、けがをして一〜二週間ベッドから離れることができなかった人や、死ぬ間際に数ヵ月寝たきりになった人は含まないことになる。そこのところが、気になる。

たとえ、一ヵ月でも、一週間でも、どこでどう過ごすのか、とても大切なことに思えるが、ほんとうにこの定義でいいのだろうか。まあ、寝たきりが六ヵ月以上続くと、介護する側にとって明らかに負担になるだろうから、負担になったあたりから〝寝たきり〟と定義すればいいと思ったのかもしれない。

障害老人の日常生活自立度（寝たきり度）判定基準

生活自立	ランクJ	何らかの障害などを有するが、日常生活はほぼ自立しており独力で外出する。 1. 交通機関等を利用して外出する。 2. 隣近所へなら外出する。
準寝たきり	ランクA	屋内での生活は概ね自立しているが、介助なしには外出しない。 1. 介助により外出し、日中はほとんどベッドから離れて生活する。 2. 外出の頻度が少なく、日中も寝たり起きたりの生活をしている。
寝たきり	ランクB	屋内での生活は何らかの介助を要し、 日中もベッド上での生活が主体であるが、座位を保つ。 1. 車いすに移乗し、食事、排泄はベッドから離れて行う。 2. 介助により車いすに移乗する。
	ランクC	1日中ベッド上で過ごし、排泄、食事、着替において介助を要する。 1. 自力で寝返りをうつ。 2. 自力では寝返りもうたない。

出典／平成３年１１月18日老健第102－２号　厚生大臣官房老人保健福祉部長通知

寝たきり度判定基準もある。

旧厚生省から一九九一年十一月十八日に出された「障害老人の日常生活自立度（寝たきり度）判定基準」は、主治医の意見書などで使われていたものだ。

これによると、〝寝たきり〟を、障害老人の日常生活自立度とし、生活自立ランクJ、準寝たきりランクA、寝たきりランクB、寝たきりランクCの四段階に分け、またその項目の中を二段階に分けている。

ざっくり説明すると、生活自立ランクは、障害はあるけれど、日常生活はほぼ自立しており、ひとりで外へ出かけたりすることも可能という状態。準寝たきりは、屋内の生活はほぼ自立しているけれど、介助無しで外出できない。寝たきりランクBは、屋内の生活のうちいくつかに介助必要で、日中はベッド上で過ごすという状態。この場合、基本的には座位が保てる。寝たきりランクCは、一日中ベッド上で寝たきりで過ごし、排泄、食事、着替えに介助が必要な状態。当たり前と言えば当たり前なのだけれど、主に、ベッド上で過ごすことが多いかどうかが、判定基準になっている。

また、二年後に「痴呆性老人の日常生活自立度判断基準」というのも出ていて、この頃は一応、寝たきりと認知症は別々の判断基準となっていた。

認知症も考慮に入れた介護保険での要介護度基準は。

二〇〇〇年四月からスタートした介護保険の要介護度基準で見ると、要介護3あたりから「寝たきり」に近づいていく。

要介護3が、身の回りの世話や立ち上がりがひとりではできない、排泄などで全般的な介助が必要な状態。要介護4が、日常生活を営む機能がかなり低下しており、全面的な介助が必要な場合が多い状態で、また問題行動や理解低下などが起きている場合も含む。介護5が、日常生活を営む機能が著しく低下しており、全面的な介助が必要な状態で、多くの問題行動や全般的な理解低下が起きている場合もここに含む（一〇九ページ表参照）。

近年は認知症増加のため、認知症に重きが置かれたせいか、寝たきりと認知症は一緒にくくられるようになったようだ。寝たきりでなくても、認知症による問題行動や理解低下の度合いがヒドい場合も、寝たきりと同じくらいか、もしくはそれ以上の介護が必要としたのだ。つまり、介護の観点から考えると、寝たきりと認知症は同等とされたのだ。

これぞ、奥川さんの言う、〝新人類〟だ。

しかし、奥川さんは、これらの寝たきり基準を、あっさり切り捨てる。

「それはそうよ、一九七三年の老人医療費窓口無料化のおかげで受療率が上がって、医療費が食い潰されたから十年後に老人保健法を作ったでしょ。それからまた、老人医療費がパンクしそうだから、介護保険法を作った。そういうふうに福祉といえども、経済法則ですべて決められてきているから、寝たきり基準を作ったのは、あくまでも指標なのよ。そういうものを作っておかないと、手当てとかを出せないじゃない。介護保険の要介護認定基準も、最初はかなり正確にやっていたんだろうけれど、今はわけがわかんなくなっちゃったでしょ。一応、客観的ってことになっているけれど、結果としては、認定結果はバラバラだからね」

今もっとも使われている介護保険の寝たきり認定基準も、あくまでも介護保険を利用するための基準だ。いや、違った、経済法則で決められているんだとしたら、いかに利用させないための基準としてあるのかもしれない。きっとそうだ、そうに違いない。

お国は掲げた「寝たきりゼロ」の中身はこれ。

ここで何度も一九八九年に厚生省（現・厚生労働省）が制定した「高齢者保険福祉推進十カ年戦略――ゴールドプラン」のことは紹介しているが、その中で、寝たきり老人予防対策の啓発活動として「寝たきりゼロへの十ヵ条」というのが作られている。

ご存知だろうか？　十ヵ条の内容は、次の通りだ（読みやすいように、原文に一部句読点などを追加・変更した）。

第一条　脳卒中と骨折予防。寝たきりゼロへの第一歩。
第二条　寝たきりは、寝かせきりから作られる。過度の安静逆効果。
第三条　リハビリは、早期開始が効果的。始めよう、ベッドの上から訓練を。
第四条　くらしの中でのリハビリは、食事と排泄、着替えから。
第五条　朝おきて、先ずは着替えて、身だしなみ。寝・食分けて、生活にメリとハリ。
第六条　「手は出しすぎず、目は離さず」が介護の基本。自立の気持ちを大切に。

第七条　ベッドから、移ろう移そう車椅子。行動広げる機器の活用。
第八条　手すりつけ、段差をなくし、住みやすく。アイディアを生かした住まいの改善。
第九条　家庭でも社会でも、よろこび見つけ、みんなで防ごう、閉じこもり。
第十条　進んで利用、機能訓練、デイ・サービス。寝たきりなくす人の和、地域の和。

実に高い理想をかかげた十ヵ条ではないか。声に出して読んでいただけるとわかるのだが、暗唱しやすいように考えられたのだろう、韻を踏んでいる。完全とは言えないが……。

この十ヵ条を乱暴に解釈すれば、寝たきりの原因は脳梗塞と骨粗鬆症による骨折。それを予防し、それでも寝たきりになったら早めにリハビリを開始、人に頼らず自分で食事も排泄も着替えもしよう。積極的に機能訓練やデイ・サービスを受けよう、受けさせよう。そして、老人介護は向う三軒両隣で、地域で助け合おう、ということだ。

この精神をそのまま一九九四年の新ゴールドプランに移行し、「新寝たきりゼロ作戦」により発展させた。

老人の自立を支援するために、地域でのリハビリテーションセンター事業の推進、市町村の保健センターの整備や保健婦の確保などが強化されたのだ。リハビリで、お金のかかる寝たきり老人を無くそうということだ。

リハビリで寝たきりにはならずにすむのか。

しかし、ほんとうに障害を持つ老人がリハビリを頑張って受ければ、寝たきりにならずにすむのだろうか。

カリスマ理学療法士と名高い「生活とリハビリ研究所」代表の三好春樹氏の著書『最強の老人介護』（講談社）によると、倒れてからの筋力アップの訓練は、十人に一人ぐらいしか効果がないという。これは筋力アップのリハビリが機能回復に効果がないということではなく、正しくは訓練に参加する十人のうち一人ぐらいしか、何ヵ月もの訓練を続ける意思と根気がないということだ。そして、もともと訓練に参加しようと思う人が十人に一人ぐらいなので、結果で言うと百人に一人しか、リハビリの効果が望めないと言うのだ。つまり、リハビリには、本人の意思と根気が重要なのだ。

あなたはリハビリしないから悪いと、八十歳なって病に倒れ、寝たきりになった老人を責めることはできるだろうか。自分の問題として考えても、八十歳になってまで筋力トレーニングして頑張らないといけないのか。それは、できれば勘弁して欲しい。ましてや、認知症だったら、リハビリのことをどのくらい理解できるのだろうか。はなはだ疑問だ。

奥川さん曰く、「寝たきりゼロ」は単なるスローガン。

「寝たきりゼロなんてあり得ない。そこが滑稽なのよ。筋トレで寝たきりがゼロにできないことは、みんなわかっているんだけれど、結局、制度の中に絡《から》めとられて行くプロセスだからね。そうしないと、運動が成り立たないから。運動をやるには、テーゼがいるわけだから。アンチテーゼとして、寝たきりとか、ボケを持って来ただけなんだからね。こういったスローガンに刷り込まれるな、ってことよね」

それを証明するかのごとく、突然、二〇〇六年四月の診療報酬改定で、リハビリ医療に日数制限が設けられることになった。

医療保険でリハビリを受けられるのは、最大百八十日。それ以降は、自己負担となる。これは、老人だけでなく、すべてのリハビリ医療を必要とするだろう人たち対象の施策だ。また、二〇〇九年四月には、介護保険制度における退院後のリハビリテーションの診療報酬は引き上げられたのだが、施設の利用回数や疾患を条件とする報酬制限が導入された。介護保険によるリハビリも制限されたのだ。

それまでの、「寝たきりゼロ」作戦とは真逆な施策ともいえる。厚生労働省は、リハビリも、お金がかかると思ったのだろうか。ここで、そのことを語り始めると、この本の主旨を大きく外れてしまうので書かないが、結局は「寝たきりゼロ十ヵ条」が、空念仏に過ぎなかったことということだろう。国の施策などというものは、いつもこんなものなのだ。

人は誰でも、必ず寝たきりになるのか。

いろいろ〝寝たきり〟について考察してみたが、明確な〝寝たきり〟基準はないようだ。なので、勝手にこの本での〝寝たきり〟基準を決めようと思う。この本での〝寝たきり〟とは、老人がベッドから自力で起き上がれず、自力でトイレに行けなくなる状態。

すでに認知症になっている人は、外すしかない。なぜなら、〝トイレ付き介護マットレスがなぜ理解されないか〟がこの本のテーマだからだ。認知症の人に、このマットレスを理解してもらうことは、残念ながら難しいだろうから。

その上で、改めて奥川さんに聞いた。人は必ず寝たきりになるんですか?

「なるに決まっているじゃない。だって、廃用性《はいよう》なんて、すぐ起きるんだもん。年寄りが二週間寝たきりになったら、筋肉がすぐ落ちるから、そこで体力とか、筋力が落ちていたら、すぐに寝たきりになるじゃない。床ずれなんかも、すぐ、って医者が言うしね」

廃用性とは何らかの理由で筋肉を使わないでいると、筋肉が衰えてしまうこと。筋萎縮《いしゅく》の他にも、関節拘縮、床ずれ、骨粗鬆症、起立性低血圧、そして便秘や尿失禁などなど。これらをまとめて廃用症候群とも言う。鬱状態、認知症などもこれに含まれる。

画家であり、作家でもある赤瀬川原平氏が、健康情報誌『からころ』（ユートシャルム、二〇〇九年十六号）の連載エッセイ「病気の窓」の中で、宇宙飛行士の若田光一さんが宇宙空間で四ヶ月間毎日肉体トレーニングしていたことに、いたく共感している。というのも、高齢者の身体の骨や筋肉は、宇宙空間での身体に近づいているというのだ。何もしない日が続くと、たちまち日々の活動がきつくなる、重力に負けてしまうと書いている。

赤瀬川氏は、ただいま七十三歳。重力に負けないために、三日に一時間のトレーニングを欠かさなくなったと言う。人は年をとると、ほんのささいなことで身体が不自由になるようなのだ。大病や大ケガだけで、寝たきりになるわけでないのだ。

年をとると、毎日身体が辛くなる。やる気もなくなる。

「そうよ、大変なのよ。若い人にはわかんないわよ。ほんのちょっとのことで、年をとると動かせなくなるのよ」

だから、とにかく身体を動かそう、筋トレしよう、リハビリをしようということだ。油をささないと機械が動かないように、使い古した身体は、メンテナンスしないと動かなくなるのだ。しかし、前にも書いた通り、リハビリには本人の意思と根気が必要となる。

「あと、動機ね。その人が何のために生きたいかって言う動機づけが大事。ガンも同じだけれど、その人に執念と強さがないと、その状態から抜け出せない。でも、それは、とても大変なことだよ。年寄りは身体が毎日辛いのよ、痛くてかったるくて仕方がないのよ。だからこの辛い身体をどうしていくか、ということだけでいっぱいいっぱいなのよ」

六十二歳である奥川さん自身も、日々、自分の身体の老化を実感していると言う。

「私だって、身体のゆがみが出て来たらしくて、そこら中、筋肉が痛いわけよ。ここも痛い、あそこも痛い、って、全部痛いわけよ。そうすると歩くとヒョコタカヒョコタカなるから、ときどきストレッチしたり、それから背中の腰の上のくぼみを押さえたり。それから、急いだらダメ。信号も、チカチカしたら待つ、急ぐとロクなことがないことがわかっているから。転んだら、骨を折るからね。そういう年齢なのよ」

誰だって、そんなものだ。そうやって、人は老いていく。病がなくても、身体や頭は確実にサビていく。だから、一所懸命ウォーキングやストレッチをやる。しかし、そのうちストレッチだって、リハビリだって、やりたくなくなる。気力がなくなるのだ。で、歩けなくなり、寝たきりになる。そのあとは、どこで、どういうふうに過ごすかなのだ。

だから、寝たきりのための金井さんの介護ベッドは「あり」だ。

「そこで、布団ではなく介護ベッドにしなさいと。そういうことだよ。年とって寝たきりになって上手に家で暮らしている人って、自分のベッドまわりに全部置いてあるのよ、ポットとかね、テレビのリモコンとか、電話とかみんなね。あとはヘルパーに来てもらえば、動かなくたっていいじゃない。それでいいんだよ。それがどのくらい続くかは、その人の意思と体力ね。でも、いずれは亡くなるんだから。人は、最期は寝たきりで死ぬのよ。長いか、短いか、だけなのよ」

これが奥川さんの答えだ。介護の世界には、寝たきりにしないために、寝たきりにならないために、リハビリしやすい、移動動作がしやすい介護用のベッドがいいという考え方がある。運動機能回復を目標と考えれば、当然だ。

その考え方からすれば、トイレ付きの介護マットレスはあり得ないだろう。排泄行為自体も、リハビリになるだからだ。ベッドの上で排泄なんて、とんでもないわけだ。でも、死ぬ前に必ず寝たきり期間があるとすれば、寝たきりのためのトイレ付き介護マットレスがある、という考え方も十分「あり」なのではないだろうか。

ということは、金井さんが二十年以上取り組んできた「寝たきり後の排泄」問題は、介護する側にとっても、介護される側にとっても、重大問題になるはずだ。

あなたは、寝たきり後の排泄は紙オムツでいいのか？

そうするとの寝たきり後の排泄方法の選択肢が紙オムツしかないというのは、やっぱり解せない。金井さんが言うように、もう少し選択肢があってもいいように思う。そして、トイレ付き介護マットレスだって、十分に「あり」なのだと思う。どうしたって人は、寝たきりになって死んでいくのだから。

奥川さんは、言う。

「百歳の歴史学者のように垂れ流しでもいいけれど、そういうのを許容する社会でないとダメなわけでしょ。あれは、ひとり暮らしで、朽ちている家だったから許されたけれど、家に三世代みんなで住んでいたら、許されないじゃない。でも、みんなが、人間は赤ちゃんのときからトイレットトレーニングをして、それで最終的にトイレットトレーニングが効かなくなって死ぬっていうふうに考えられればいいんだけどね」

あなたが寝たきりになったとき、ウンチやオシッコは、ほんとうに紙オムツでいいのか。今一度、考えてみてはいかがだろうか。

第10章

金井さんの母親の在宅介護体験から生まれた母に捧げるベッド『多機能マットレス アリス 凛《りん》』。

金井さんが二十二年かかって作った〝母に捧げるベッド〟。

「母を介護していたとき、うちの夫の病院に一億円ぐらいかかるCT（コンピュータ断層撮影）の機械を入れたり、私の歯科の機械もすごくお金がかかったりしたのね。ああいうものにスゴいお金が投入されていくのにね、母の排泄ケアは、未だにオムツか、って感じよ。排泄って、人間の基本の〝基《き》〟よ。それをこんなみじめな方法しかなくって、一方で、あんな高い機械ばっかり使って延命させるのかなあ、って思ったの。なぜ、排泄ケアにお金をかけないのかなっていう疑問と、腹立たしさと、イヤさと……。それで、二十年以上、頑張っちゃったのよ」

金井さんの話を聞けば聞くほど、わかったことがある。

まだ、一台も売れていない『多機能マットレス アリス 凛』は、金井さんにとって、〝母に捧げるベッド〟だということだ。

金井さんの母親の在宅介護なくしては、決して生まれなかったベッド――マットレスだということだ。

金井さんの母親は糖尿病が原因で失明、そして寝たきりとなる。

金井さんは、四人姉妹の長女だ。まず、金井さんが二十七歳のとき、歯科医の父親が階段から落ちて頸椎《けいつい》損傷になり、その後遺症で仕事ができなくなった。

仕方なく、長女で歯科医の資格を持っていた金井さんが実家に戻り、大黒柱となった。金井さんはその後結婚しても、出産しても、一家を支えるために父親の歯科医院で働き続けたのだ。

幸い、父親は寝たきりにはならなかったが、今度は母親が持病の糖尿病を悪化させ、糖尿性腎症から網膜症になり、眼が見えなくなった。三十年以上も前の話だ。

「あるとき、私の息子の産着を縫っていたんですよ。それでかなり目が疲れたんだと、本人は言っていたのね。だから、私もそうなんだろうなあと」

当時は糖尿病の怖さは、知られていなかった。糖尿病は、遺伝因子と食べ過ぎや運動不足、ストレスなどの生活習慣により発症する病気なので、みんなが貧しかった頃の日本では、そんなに問題視されることはなかった。四十年前の日本での患者数は約三万人。

しかし、今や約七百万人、潜在患者を含めると二千万人とも言われている。

そして、この病気の怖さは、自覚症状がほとんどないまま、進行していくことだ。

なので糖尿病の怖さがわかった今でさえ、突然眼が見えなくなったという人もいたりするのだ。

一番の問題は、やはり排泄ケアだった。

「今なら、糖尿なんてちゃんと管理できるんでしょうけど、私も子どもが小さかったし、うちの主人も開業しちゃったし、私の歯科診療で実家の家族を支えていたようなものですからね。忙しくて、そこまで、手が回らなかった。というか、昔は、病院へ入れるなんて発想はなかったのよ。母は、眼が見えなくなるまでは、普通に生活していたの。それで急に目が見えなくなって。今は、眼にレーザーを入れて出血を止める治療があるけれど、当時はそんなに普及してなかったので、どんどん悪くなって。カロリー摂り過ぎだからって言って、自分で茹でただけの野菜を食べたりね。栄養のことなんて、こっちもわかんないし、本人もわかんない。みんなそんな状態だったのよ」

眼が見えなくなってから、金井さんの母親の寝たきり期間は、二、三年だった。

食べることは、何の問題も無かった。作ったものを運びさえすればいいからだ。問題は、排泄だった。

排泄ケアは昼間は妹、夜間は金井さんの担当だった。

そこで、金井さんは、寝たきり後の排泄問題に直面する。

まず、母親はオムツになったとたんに、急に会話が減った。オムツになったことで精神的に弱ったのだろう。

「それでも母は寅年で、それも五黄《ごおう》の寅だからね、スゴい気丈だったから、愚痴を言わないの。オシッコやウンチをとってちょうだいなんて、一切言わない。こっちから言うのを待っていた」

母親は、布オムツを外に干すのをイヤがったのだ。

「その当時は、紙オムツはなかったし、布オムツを洗って干していたんですね。でも、母が、外にオムツを干されるのがイヤだ、って言うのね。浴衣をほどいたのはみっともないから、って」

オムツになってしまったことが、近所にわかってしまうのがイヤだったのかもしれない。

仕方が無いから、金井さんたちは、オムツを夜、そっと干した。

「それと、便がねえ、問題だったの。下痢と便秘を繰り返すのね。なのに、私を夜中に起こす事をイヤがった。母にしてみれば、私は昼間の仕事があるから、寝かしておいてやろうと思うんでしょ。お母さん、起こしてよ、って言うんだけれど、起こさないのね。それで、ときどき、夜ドバってやられるんですよ。枕元の灰皿の中に便をしているの。灰皿は持ってこられたんでしょうね、自分でお尻の下に。で、私、スゴい怒ったのよ、あと始末が大変でしょう、って」

声かけしても、知らぬうちにウンチをドバッ！

そのとき、金井さんは、母親が、本気で自分のことをいじめているのだと思った。金井さんには昼間は歯科医としての仕事があるから、夜は寝なければならない。自分の幼い子どものオムツも替えなければならない。それでも、寝る前に、夜中に、ちゃんと声をかけしたし、確認もした。なのに、知らないうちにドバッとやられてしまうのだ。

「レクイエムですよ。あんなこと言わなきゃよかったなあ、っていうのがいつもあるからね。介護を完璧に、体力の限界までやったと思っても、やっぱりあんなことは言わなきゃよかった、ってことはありますよ」

このときの体験が、『多機能マットレス アリス 凛』に、すべて生かされていると言ってもいいだろう。

『凛』ならば、側に人がいなくても、ベッド上で自分で排泄して、自分で処理ができるのだ。介護する人に、何の気兼ねすることもない。そして、介護する側も、安心して仕事に出かけられる、眠ることもできる。

あのときに、このマットレスがあったら、母親も自分も、どんなに気持ちが楽だったろうかと、金井さんは思う。

寝たきりになった母親の寝床は、当然布団だった。

金井さんの母親が寝たきりになったのは約三十五年前の話だ。おそらく、ほとんどの日本人が、まだ畳の上の布団で寝ていた頃だ。

そして、金井さんの母親は、寝たきりになった当初は、昼間だけは、妹が介助してトイレに行っていた。しかし、それも、長くは続かなかった。

「昔のは、しゃがむトイレでしょ。だから立ち上がれないんですよ。かといって、寝室でお尻スッポンポンになって、ポータブル便器に座ると言うこともできなかったの。母は、お尻を人前に出すのがイヤだったから」

差し込み便器のオマルも、ダメだった。なかなか出なかったし、オマルの縁がお尻に当たって痛いから、イヤだと言うのだ。

そうすると、選択肢は布オムツしかなかった。そのうちすぐに、昼も夜も、布オムツになったのだ。

オムツカバーも工夫して手縫いで作った。

「布オムツは、全部浴衣をほどいて、作ったの。それからラクダのシャツって知っている？昔、父親とかが着ていたウールの下着。ああいうのをオムツカバーにしたのよ。全部ほどいて縫ってね。オムツカバーは売っていたんだけど、ちっちゃいからね。カバーを大きくしたかったのね。ラクダのシャツはものが良かったから、だからオシッコは一日一回、オムツカバーを替えればよかったの。洗濯は妹がするのね」

高級品のラクダのシャツは、ほんとうのラクダの毛で作られているらしい。軽くて保温性に優れているのだそうだ。ただし、羊毛と混毛のものもあり、羊毛だけのものもある。それでも色はだいたいラクダ色だ。

「オムツの大きさは、赤ちゃんのオムツと同じくらいね。でも、オシッコの量は多いから、数枚重ねるの」

けれど、布オムツを重ねても、漏れる心配があった。

さて、どうするか?

当時、生理用の紙パッドがちょうど発売されていたのだが、ザラザラしていて使い心地が悪いからと、金井さんは使わなかった。

「綿をね、雑巾みたいに、堅く縫っちゃうの。刺し子みたいにして、それをパッドにして、使っていたの」

これなら肌触りもいいし、洗って何度も使うこともできる。さすが、工夫上手の金井さんだ。

「それでも替えるときには、全部替えないとダメなのね。糖尿病というのは、のどが渇くから、水を飲むんですよね。尿量も多いのね」

ウンチのほうは、下痢と便秘を繰り返していた。これが、厄介だった。

「どうしたって、残便があるんです。始めは先に水分が出ちゃう。そうするとウンチが硬くなって、繊維化しちゃう。で、便秘になるでしょ。最初は、妹が摘便していたんだけれど、妹がイヤだって言うのよね。こっちも、いろいろあって大変だったし、で、下剤飲ましちゃったのね。下剤というのは、お腹のすき具合によっても、お腹の内容物によっても、適量が違うのね。内容物がいっぱい胃に入っているときは、薬飲むとちゃんとしたウンチが出るし、あまり入ってないときだと水様便になっちゃうのね。水みたいなのが出たあとは、四、五日は便通が無いんですよ。で、次に出るときになると、またドバッと出る。だから、摘便はしなかったわね」

だから、母親は、夜中に、我慢しきれなくなって、誰にも声をかけずに、枕元にあった灰皿に排便してしまったのだろう。

〝私、何も悪いことしていないのに〟と言った母。

「私ね、あのときほんとうに殺したいと思ったの。だけど、そのとき、母も死にたいだろうなあ、気丈な母が悔しかろうなあ、とも思ったのね。そしたらね、母が、〝私、何にも悪いことしていないのに〟って、ボソッて言ったのね」

そう、ただ、ウンチをしたい、ウンチをしちゃった、と言えなかっただけだ。

自分でできれば、自分で始末したかったに違いない。寝たきりになる前までは、ずっとそうしてきたのだから。

母親は、糖尿性腎症のおかげで、日中はウトウトと寝ていることが多かったけれど、頭は、最期までまでしっかりしていた。すべて、わかっていた。それでもやってしまったことなのだ。何とも切ないではないか。

金井さんは母親をだっこしてお風呂にも入った。

オムツかぶれのほうはどうだったのだろう。

「かぶれなかったわね。もちろん、手当はちゃんとしていたんだけれどもね、このことを言う人はあんまりいないんだけれど、うちの母は六十の始めだったんですよ。若かったのね。お尻の肉がぷっくり膨らんでいたんですよ。だから、ウンチしようが、オシッコしようが、一回拭けば、プリンプリンだったから、そのせいだと、思うんです。だけど、だんだん年をとって来ちゃうと、陰部がぺたんとくっついちゃうのね。だから、溝に入っちゃうんですよ。年齢が関係していると思うのね。かぶれや床ずれには、苦労しなかったんですよ」

金井さんたちにとって初めての看取りの体験だった。介護についての知識は、まったく無かった。

それでも、そのほうが母親も気持ちいいだろうと考えて、オムツ交換のとき、蒸しタオルでお尻をキレイに拭いた。

お風呂も、金井さんが一週間から十日に一回、入れていた。

「だっこしてお風呂に入れてあげたら、母が喜んでねえ。そういうときって、やっぱり人間と人間になるのね。オムツのときは、お尻はこっちがきれいにするんだけれど、お風呂のときは、手が使えるんだからお股は自分で洗いなさいと、自分で洗わせるのね。だけど、今だったら、ベッドの上にビニール敷いて、洗ってあげたんだけれどね。人って、顔とお尻だけ拭いてりゃ、なんとかなるからね」

正月が開けて、突然、状態が悪化。そして入院。

「結局、二月二日に亡くなったんだけれど、お正月の管理が、できなかったせいね。お正月って、みんな自分のことで精一杯でしょ。母のことあんまり看てやれなくて、栄養のこととか、ダメだったんでしょうね。そしたら、急に具合が悪くなっちゃって」

どんどん衰弱していく母親を見て、介護を主に担当して来た金井さんの妹が、これ以上自信が無いと言ったのだ。オムツになってから、三年経っていなかった。

「さすがに怖くなっちゃったのね。近くの病院へ入れたの。で、二週間ぐらいかな、逝ったのは」

入院させるときに、金井さんは看護師さんに〝オムツ交換はこういうふうにすれば母は痛がらないので、それでお願いします〟と頼んだ。そのやりとりを聞いていて、母親はとてもうれしそうな顔をしたという。

「そのあとに母は、〝今日は八王子に帰れなかったね、悪かったねえ〟って言ったんですよ、それが最期ね。頭はしっかりしていたんですよ。土日、私が、夫の住む八王子に帰ることはわかっていたからね。昔は、命短いわけですよ。何の医療的処置もないんだもん。昭和五十二年ですからね」

一緒にいたくもあり、早く死んで欲しくもありの親の介護。

〝ほんとうに殺したいと思ったのよ〟と金井さんはたしかに言った。

けれど、こうも言ったのだ。

〝一刻も離れたくなかった。母と一緒にいたかった。だから、衰弱しても入院させずに、家で寝かせきりにしていたのよ。母に早く死んで欲しかったから、病院で延命されたくなかった〟

「だって、母が可哀相じゃない。あの人のプライドは、眼が見えなくなっちゃったという段階で、ボロボロになっていたの。死にたいのはわかっていたし、生きているのは苦しいだろうなあと思っていた。だけど、私の中には、死んで欲しいというのと、生きていて欲しいというのと、両方あったのよ」

殺したくもあり、早く死んで欲しくもあり、一緒にいて欲しくもあり。親の介護への思いは複雑なのだ。

だから、金井さんは二十二年かけて、家でお互いにあまり気兼ねせずに一緒にいられる、母に捧げるベッド『多機能マットレス アリス 凛』を開発したのだろう。

第11章

在宅の看取りって、ほんとうに可能なの？

奥川さんちに学ぶ、家で看取るということ。

看取りについて、自宅を希望している国民は6割!?

二〇〇四年に厚生労働省の「終末医療に関する調査検討会」がまとめた報告書によると、「看取りについて、自宅を希望している国民は六割」とある。

ほんとうなのだろうか。実際にその報告書の集計データを読むと、「自宅で療養して、必要となれば医療機関に入院したい」と「自宅で療養して、必要となれば緩和ケア病棟へ入院したい」が合わせて四十八%、そして「自宅で最期まで療養したい」が十一%。この三つの回答を合わせて六割となっているのだ。

私にはどう頑張っても、「自宅で死にたいと思っている人が六割」と読めないのだが、この結果から、同省は、「患者の意思を尊重した適切な医療を提供する」ために、自宅などでの死亡割合を四割まで上げることを目標としてしまったらしい。〝自宅など〟となっているから、〝病院以外の〟という意味かもしれないが、ちょっと無謀すぎるように思う。前に書いた通り、家で亡くなっている人は、十二・三%（二〇〇七年厚生労働省人口動態統計）に過ぎないからだ。

しかし、この目標は、今のままの人口構成と施設数、病院数で行くと、二〇三〇年には、四十七万人の死に場所が確保できなくなるという同省の予測が前提になっているわけで、とにかく大変なことになるから、強引に、看取りを施設や在宅に持っていこう、いくしかない、というのが本音に違いない。

実際に希望が叶うだろうと答えた人は、二割強だった。

二〇〇七年に四国新聞が香川県民八百六十八人（二十歳以上）に行った「終末医療のあり方について」の電話調査によると、確かに半数を超える五十六％の人が死に場所として「自宅」を希望している。調査はこのあと「病院」が二十・六％、「老人福祉施設」が九・七％、「その他」が十三・七％と続く。半数を超える人が、できたら在宅と思っているふしはある。

また、「自宅」と答えた人に、実際に希望が叶うと思うか聞いている。すると、やはり「在宅死の希望が叶うと思う」と答えたのは二割強の二十二・二％に過ぎなかった。他に「思わない」が二十九・六％、「分からない」が四十八・一％に上った。希望が叶わないと思う理由は、「家族への負担を考え配慮する」が三十八・九％と最多で、「家族による介護が期待できない」（二十八・五％）、「自宅で適切な医療が受けられるか不安」（十九・四％）。

男女別でみると、「家」を希望する男性六十二・四％、女性は五十一・八％。「希望が叶うと思わない」という回答も女性の方が六ポイント高く、女性のほうが介護の現実をよくわかっているといえる結果だ。

そう、人は何の問題もなければ、今まで暮らして来た家で最期まで過ごしたいのだ。でも、家族と同居していない人もいる。同居家族がイヤがる場合もある。家族が少なくて手が足りない場合だってある。家族の高齢化もあるだろう。住居だって古いたとえだが〝ウサギ小屋〟だ。そして、介護される側が、手厚い医療を望んでいるという現実もある。在宅では十分な医療は受けられない。ということは、在宅介護は、とんでもない話なのだ。

しかし、奥川さんは両親ともに家で看取った。

「そうよ、両方とも、家で看取ったの。辛かったよ。エラい目にあったよ。私たち兄弟は四人なんだけど、四人とも家でお産婆さんで生まれて、親は二人とも家で看取ったの。そういう最後の世代だねって、人に言われるのよ。スゴいでしょー。八つ下の妹が生まれるの、私知っているもの」

奥川さんは、東京生まれ。病院が少ない僻地で生まれたわけでもないし、住んでいたわけでもない。そして、母親は、二十七年前だが、父親を看取ったのは、割に最近のことだ。今どき、なかなかない話ではないか。そんな、奥川さんの在宅介護体験も、聞いてみよう。

まさしく〝日本のお母さん〟。その母親が先に倒れた。

奥川さんの父親は、一九一八年の大正生まれ。戦争経験者。騎兵隊として北支（中国北部）へ動員され、そこで手榴弾を浴び、片眼はほぼ失明、身体中にその破片がいっぱい残っているという、戦傷病者だった。復員後、四歳年下の女性と結婚、奥川さんを含む二男二女をもうけた。

「静岡の建具屋のバッチだったの。バッチって、末っ子のこと。尋常小学校のあと東京に出て来て、昔の電電公社、今のＮＴＴに入って、頭のいい人だったから公社の中の関連学校を全部出たの。だから、家に、哲学書から全部そろっていましたよ。それで支局長で終わったんだけれども、完璧に職域人間ね。あと戦争に行って、身体中に、肺の中にも、手榴弾の破片がいっぱい入っていて。私が幼稚園のころに結核になって、バケツ一杯血を吐いたんだけど、ストレプトマイシンがちょうど出て助かったのよ。運が良かったのね」

奥川さんの母親は、一言で言うと〝日本のお母さん〟。どんなことがあっても愚痴ひとつ言わない、家族のことを、子どものことを最優先に考える人だった。

「お父さんが長く生きたのは、お母さんのおかげですよ。だって、結核までやっているのに、煙草は吸うわ、お酒を飲むわ、仕事は遅くまでやるわで、風邪とか引くとスゴく大変なわけよ。そしたら、うちの母が、湿布したりするのね」

戦傷病者であり、結核を患った病弱な夫を、手厚くケアしたのだ。しかし、四人の子どもをすべて育て上げてからではあったが、その母親のほうが、先に倒れた。

子宮頸ガンで、あっという間だった。享年六十一歳。

「今だったら生き延びられるかもしれないけれど、気がついたときはもう出血をして、第三期ぐらいで、手術できなくて、一年とちょっとで亡くなったかな」

一度は、放射線治療を受けて、元気になって退院して家に戻って来た。家事をし、買い物に行き、普段通り過ごしていた。しかし、半年後、再発。ガンがどんどん浸潤《しんじゅん》して、尿管を塞ぎ、人工膀胱にするために再入院。手術後、病院で寝たきりとなった。排泄ケアは、オシッコは人工膀胱だから問題はなかった。ウンチは、出たいときにお尻の下に紙オムツを敷いた。

「うちの母はオムツに抵抗がなかった。シーツや下着を汚したりするほうを女の人はイヤがるからね。で、病院にいても、ただ家族が来るのを待っているだけだし、うちの父親も婦人科の病室って入りにくいから、あんまり見舞いに行かないわけよ。そしたら、入院していたってしょうがないじゃない。可哀相で」

当時は珍しい訪問医療、訪問看護のおかげで、自宅で看取る。

家から遠い病院だが、都市型の訪問医療をやっていた。当時としては珍しかったらしい。奥川さんの知り合いでもあったので、そこの院長に主治医を頼み、保健婦であり、訪問看護婦である友人に訪問看護をお願いした。介護保険ができるずっと前の話だ。

「家に連れて帰ったら、二週間で死んだの。家で看取ったの。みんな友だちのおかげ」

母親は家に帰りたいとも、病院にいたいとも、何も言わなかった。しかし、病院ではほとんど食べられなくなっていたのに、家に連れ帰ったその日、娘の作った料理を口にした。

「退院したときに、妹が作った混ぜご飯を食べたのよね。病院じゃあ、食欲はもう落ちていて、食べられなかったのに。妹なんかは、お母さんはもしかしたら、もっと生きたかったかもしれないよ、家に帰って来るんじゃなくて、って言うのね。でも、それは、わかんないわ。私思ったの、いい悪いじゃないのよ、どっちで死のうが、悔いは残るのよって」

奥川さんの初めての親の看取りだった。三十七歳、仕事がとにかく忙しい時期だった。

二十年後の父親の在宅介護は、父親の希望だった。

「家で看取らせてもらったというのは、私たち子どもにとって、ものスゴい親のプレゼントだったたと思うわね。介護していると、親にヒドいことを言ったり、いろんなことあるじゃない。それに、親を介護しているときって、自分の人生の大変な時期じゃない、仕事はしないといけないし、一番仕事が乗っているときでしょ。でも親を看取ることも、スゴく大変なことじゃない。私は、親の病気のために仕事をセーブするなんて、滅多にしていなかったの。だけど、家で看取ったの。疲れたわよ。でも、看取れたのね、妹が家にいてくれたし、たまたま父は、ヘルパーを頼まなくてもいいような、肺気腫だったから」

父親の看取りは、六年前。在宅介護は、父親の希望だった。

「病院へ入るのをすごくイヤがる人だったの。父は男でいたいから、看護師さんにカッコ悪いところを見せたくないのね。ウンチとかもゆるくなっているでしょ。肺気腫だと苦しいから、トイレに行きたくても、ベッドからすぐに行けない。間に合わなくて出ちゃう。で、病院だと、私が来るまでずっと黙って待っている。看護師さんに頼めないのよ」

男たる者、下のことなどでは大騒ぎしちゃいけないのだ。

「父親は、母が逝ったあと、ずっとひとりで暮らしてましたよ。データ的には、妻が先に死ぬと、夫は五年以内で逝くっていうでしょ。でも、平均寿命よりも長生きしたのよ。でもね、母が、ダメだと医者から言われたとき、うちのお父さんは泣いたのね。そして、何とか手術できないかって、医者に頼んだのよ」

主治医は言った。〝ご主人がやって欲しいと言うなら、手術をします。でも、これ以上やったらご本人が苦しいだけです〟。そして、手術したらどうなるか、丁寧に説明してくれた。

「そしたら父は、そこがたくましいところなんだけれど、ピシッと気持ちを入れ替えて、母が死ぬっていうことで、全部準備を始めたのね。それでも、悲しいから、ご飯を食べながら涙を流すの。人間というのはスゴいなあって、私は思って見ていたんだけれどね」

モーニングワークは自転車で片道一時間の墓参り。

真面目で几帳面で誠実な人だった。母親が逝ったあと、すぐに車で片道一時間のところに墓を買った。すると、六十六歳の父親は退職時に会社からもらったスポーツタイプの自転車で、毎日のように妻の墓参りに出かけるようになるのだ。肺に手榴弾の破片が残り、結核も患い、肺気腫でもあったというのにだ。車で一時間ということは、自転車だと二〜三時間はかかるだろう。

「あれでモーニングワーク（喪の仕事）やっていたからね、スゴいでしょ。だからスゴく身体を鍛えていたんだよ。昔の人はねえ、戦争に行っていたからね。それに、うちの父親、自立していたのよ、食事も作れるしね。その代わり単品だけどね」

奥川さんも妹も、その頃は、もう家を出ていた。奥川さんには心臓に持病があって、職住接近しないと身体が持たなくなっていた。几帳面な父親は、墓参りだけでなく、毎日歩くことも心がけていた。奥川さんが勤める病院へ、肺気腫の治療にもきちんと通った。

「肺気腫って病気はほんとうに怖いのね、ほんのちょっとのことで、気管支ぜんそくを起こして、肺炎を起こして、気管支炎を起こして、一挙に肺機能が落ちるのね」

肺気腫が悪化。八十三歳のとき、在宅医療に切り替える。

そんなふうに、ちょっとした何かが起こるたびに、どんどん肺機能が落ちていき、入退院を繰り返しながら在宅酸素療法となった。

「父の気管支は結核で変形しているからね、痰が詰まりやすい。だから吸入を上手くやんないとダメなのね、それで何回かトラブルがあって、病院に出たり入ったりしているうち、腎機能が落ちて弱ってきて。でも、頭ははっきりしていた。医者に、自分から人工呼吸器入れません、余分なことはしません、結構です、って言ってね」

もう病院へ治療に通えそうもなかった。しかし、また具合が悪くなり、何度目かの入院。

「まだ覚えているわよ。私、そのとき、仕事が詰まっていて、あっち行ったり、こっち行ったりしていて、大変だったの。それでも父は、いつ連れて帰ってくれるんだ、いつ連れて帰ってくれるんだ、って言うわけ。病院にいたくないのね。看護師さんにはいいカッコしたいのよ。下痢気味でしょ、間に合わなくてパンツ汚すじゃない、そうするとジーッと私が来るのを待ってる。だから、うちの父、入院していて、床ずれできそうになっていた」

たった一週間の入院だった。少しは弱っていたけれど、自分で歩くこともできた。しかし、看護師に下の世話を受けるのがイヤで、自ら寝たきりになってじっと動かずにいた。だから、床ずれになりかかっていた。それが、家に帰ったとたん、きれいになくなった。

父親は病院から家に帰ったとたん元気になった。

「家に帰ったら、全部自分でやるのよ。あきれるでしょ。だから、うちの父は、病院にいたらダメなのよ。家に帰って、それで命が一年間延びたのよ。往診してもらって。あれは医療の恩恵。在宅酸素療法ができるようになって、保険適用になって、それで在宅酸素療法をやって、しかもうちの父はすっごく勤勉だから、几帳面だから、生きたんじゃない。ものスゴく生命力が強かったの。生きたいのよ、死ぬ気なかったんだから」

家に居さえすれば、ほとんどのことが自分でできた。

苦しいことは苦しいけれど、自分ペースなら歩けるし、パジャマも着替えられる。これじゃあ、介護保険適用にもならない。

「ほんとうの寝たきりになったのは、最期の一日か二日。死ぬ何時間か前に、食べなきゃ、って言って、みかんを食べカステラをちょっとつまんだの。すごい能力ですよ。死ぬ前も、俺は死なない、って言ってね。私言ったのよ父親に、往生際が悪いっ、てね。私が引導渡したようなもので、ほんとうに死んじゃった。ヒドい娘でしょ」

オムツも、最期の一日だけだった。お見事！

在宅で死ねるのか。奥川さんと金井さんの意見。

何度も、何度もここに書いてきたが、国は、老人介護はできる限り在宅でという方向へ進めようとしている。しかし、在宅介護、そして在宅での看取りは可能なのだろうか。金井さんと、奥川さんに改めて聞いてみた。在宅での看取りは可能なんでしょうか？

「できないわよ！」

これは、両親ともに家で看取ったという奥川さんの意見。

「できるわよ！」

母親も父親も八十％は在宅で看たという、金井さんの意見。

「できるわよ！　排泄と同じで、在宅で死ぬかどうかって言うのは、人に決めてもらうものじゃなくて、自分が家で死にたいと思ったら、死ねるもんなのよ。それをマニュアル通りの介護保険でもって、やれこうなったらああしましょう、こうしましょう、って言うからいけないのよ。今の医療の欠点ですよ」

死ぬまで管理されたくないから、オムツはまっぴらご免の金井さんらしい考え方だ。

「そりゃあ本人が頑張れば、家で死ねますよ。だから、金井さんはタフだからさあ、そう言い切れるけれど、それは相当タフじゃないと家では死ねない」

現状を知り尽くした奥川さんはビシッと言い切る。

つまり、家族に迷惑をかけても、どんなにイヤがられても、〝家に帰りたい〟と主張しなければならないということだ。

そして、家に帰ったら、病院や施設で受けるようなケアや医療は受けられないかもしれないという覚悟も必要だろう。

介護は、介護する若い人の人生を食い潰すこと。

「年寄りからみたら、迷惑をかけたくないというのは、みんな同じ。百人寝たきりになった人がいたら、百人言うわよ。でも、ほんとうは迷惑をかけてもいいのよ。私、老人の家族の相談に乗っていたときね、そこをほんとうに考えたわよ。家族が、迷惑をかけてもいいわよ、と言ってくれて、そして、年寄りがほんとうにそのことを信じられれば、いいのかなっていうのが結論ね。でも、難しい。介護は、介護している人の人生を食い潰すんだから。そんなこと、みんな言わないけど、介護って、金と時間と労力を食い潰すことなんだよ。若い人の人生の持ち時間を、年寄りが食い潰すのよね」

奥川さんの現実を直視した意見に、金井さんは果敢に反論する。

「親に施設で死なれたら、最期の言葉さえ発してもらえないのよ、家族にしてみたら、不憫だよ、そんなの。連れていかれちゃうんだよ。惜しいわよ」

「あのね、それは親子の関係性ができているかどうかっていうことだから、惜しい家族と、そうじゃない家族がいるの。全部の家族が、金井さんみたいじゃないから」

「ええ⁉　お礼もお詫びも、聞けないのよ」

そんなことはあるはずがないと、金井さん。

家で死ぬ前に、家族に、お礼とお詫びを言う時間を作って欲しい、そのために在宅用の介護マットレスとして『凜』を作ったのだと、金井さんは常々言っているからだ。

しかし、奥川さんは、言い返す。

「施設に預ける家族は、多くはその前に関係は切断されていますよ。親を捨てたと言う罪の意識を封じ込めるために、切断するのよ。もう、ないものにしたほうが楽だもの」

人は家族との関係性で死に方が決まってくる。

奥川さんは、介護する側は、ほんとうのところは親を捨てることに罪の意識を感じていると言う。それでも、家に引き取らない。なぜなら、いつまで看なくてはいけないのか、お金はどのくらいかかるのか、どのぐらい時間を割かれるのか……、そんなことを考えると引き取れないからだ。ゆえに、眼をつぶって、親との関係を意識下で断ち切るしか無いのだ。

「人は家族との関係性の中で、死に方が全部決まってくるのよ。年寄りはみんな寝たきりになったら、殺してくれとか、迷惑はかけたくないと言うんだけど、これは共依存の関係かもしれないけれど、世話する側が嬉々として介護できるのなら問題ないのよ」

そう、金井さんの母娘のようなら、在宅介護も可能だ。

金井さんは、そのときの熱い思いを語る。

「母はスゴく厳しかったからね、喧嘩ばかりしていたけれど、憎んでいたけれど、この人がいなくなるなんて考えられないし、病院なんか行かせたくなかったの。で、床ずれができようが、何が起きようが、うちに置いていたわけよね。今思うと、そのときは非常に純粋な母と娘だったわね。母の床ずれのこと、湯たんぽ入れていたから、火傷だと思ったのね。かかとだったからね。それで、火傷のケアをして、今日お母さん、一ミリだけ良くなってきて、皮ができてきたよとかね、言ってね。ほんとうに、きれいないい時間だったのよ。私はそのときがあったから、今は何にも後悔もないのよ」

「金井さんみたいに、どんな姿でもいいから生きていてちょうだい、私はあなたのお世話をすることが生き甲斐で、決して迷惑じゃないという関係だったら、いいのよ」

と、奥川さん。人がどこでどういうふうに死ぬかは、誰にもわからないし、自分でも決められない。

最期は、介護してくれる家族との関係性が問われるということなのだ。

大変だったけど、〝実直な生き方〟をもらったと、奥川さん。

奥川さんは去年、母親の死んだ年齢を越えた。在宅介護は難しいと言いつつも、自身の在宅介護経験を振り返って、奥川さんは〝子どもへのプレゼント〟と表現した
「そうよ、いろいろと行き届かなかったことがあるけれど、家で見送らさせていただいてありがとうございましたって、思うわよ。お父さんとお母さんは、子どもに何もかも与え尽くして、たくさんのものを残してくださって死んでいったんですね、って。戦時中に一所懸命生きて、私たちを生んで育てて、貧乏で、高度経済成長のときに一所懸命働いて、二人とも実直だったのよ。私が親からもらったもので、何よりなのは、〝実直な生き方〟。

感謝、感謝よ。それに、家で看取らせてもらったということは、孝養を尽くさせていただいたことになるからね」

最後まで母親に凛としていて欲しかったから、『凛』。

在宅介護が可能かどうかの回答にはなっていないが、介護する人の人生の持ち時間を食い潰すのが在宅介護であり、死にゆくその人の生き様をすべて見せて与えてくれるのも在宅介護。

在宅介護にするかどうかは、私たち一人一人が考え、選択するしかない。

とにもかくにも、金井さんは母親の在宅介護経験から二十二年もかかって在宅介護の排泄ケア用具として『多機能マットレス アリス 凛』を誕生させた。寝たきりになり、自分で排泄の始末ができなくなって、そのことを気に病んだ母親のために。だから、マットレスの名前も『凛』なのだろう。最期の最期まで『凛』としていて欲しかったから。

「年寄りが自分で排泄するということは、生きている事の証なのよ。それがバッテンになっちゃうと、もう自分がお終いなんだと意識するのよ」

最期まで自分で排泄させてあげたい。金井さんの思いはそれに尽きる。

第12章

このマットレスは、
なぜ、理解されないのか。
なぜ、売れないのか。
みんなで話し合ってみた。

なぜ、市川さんが座談会に参加したのか。

二〇一〇年一月のある日、金井さんの会社兼歯科医院兼自宅に、この本にさまざまな理由で関わってしまった人たちが集合した。

まず、この本を企画した対人援助職トレーナーの奥川幸子さん。奥川さんがこの本を企画した理由は、たったひとつだ。

「私は、金井さんの生き方が好きなだけよ。はっきり言っちゃえば、多機能マットレスは関係ないのよ。生き方や考え方は違うけれど、好きなのよ、金井さんが。だから金井さんのことは応援するのよ」

金井さんの頼もしい応援団だ。

そして、奥川さんとも、金井さんとも、面識のある市川卓也さん。とある福祉団体に勤める市川さんは冒頭の「まえがき」部分で、金井さんとの衝撃的な出会いのエピソードでご登場いただいている。今回は無理をお願いして、わざわざ座談会に出席いただいた。

理由は、いくつかある。まず、市川さんは、仕事柄、介護の現場の事情にも詳しい。また、市川さんの母親は若い頃リウマチを患い、夫と息子の介護を受けながら自宅で暮らし続けているとも聞いている。つまり、『多機能マットレス アリス 凛』を介護者として使う可能性が限りなく高いともいえるからでもある。

さて、座談会のテーマは、ズバリ「このマットレスが、なぜ理解されないか？ なぜ一台も売れないのか？」だ。

金井さん、奥川さん、市川さんの座談会の始まり、始まり。

勝屋　市川さんと赤坂の高級中華料理店で初めて会ったときは、金井さんが取り組んでいたのは、まだ電動式のトイレ付き介護ベッドでしたよね。

金井　そう、それを何度も、何度も、試作していた。

市川　その話を聞いて、リウマチの母の将来のことを気にしていたので、それはスゴいって、言ったんですよ。そしたらね、ちゃんとしたのができたらあなたのお母さんに売ってあげるわ、って、金井さんがおっしゃったんですよ。その〝ちゃんとした〟という意味が、そのときはちっともわからなかったんですけれど。

金井　そのときは電動式のベッドは、使ってみて、よかった、よかった、っていう話ばっかり私のところに来るわけ。でも、自分自身がイヤなのよね。欠点がわかるのよ。納得できないのよ。だから、それを市川さんにすすめる気はなかったの。

奥川　お尻がずれてできないとかね、いろいろ問題があったのよね。

金井　最終的に、お尻が動けなくなったときのものを作ったら、これになっちゃった。

勝屋　ところが、この多機能マットレスが全然理解されないわけですよね。前のと違って。

金井　そう、お尻が動かなくなる、五センチ動かなくなって、便器にピッタッと鼠蹊部が合わないなんていう感覚なんか、普通の人にわからせられないもんね。

リウマチの母親は、オムツでいいときっぱりと言った。

市川　実は数年前、リウマチの母が急に具合が悪くなって緊急搬送したときなんですけど、失禁しちゃったことがあるんです。ウンチを。

奥川　そんなことがあったの、大変だったねぇ。

市川　今は、大分良くなっていて、何とか自分でトイレに行けるんですけれどもね。

奥川　市川さんのお母さんは、スゴく立派なの。三十年以上前からリウマチなのに、市川さんを生んで育て上げたんだってよ。

市川　母は、強いんですよね。で、金井さんの話を思い出して、どうだろうかと聞いてみたんですが、母は、寝たきりになったら〝オムツでいい〟って、はっきり言ったんです。社会的に死ぬということは、死ぬことだからって。腹が座っているっていうか、腹決めているっていうか。けれど、その母の面倒を見ている父は腹決まっていないから、やっぱりトイレがいいって言うんですよね。

勝屋　おもしろい、お父様はオムツがイヤなんだ、トイレがいいってことは。

市川　そうなんです、オムツはダメらしいんです。将来、自分が寝たきりになったときのことをまだ考えていないみたいなんですね。

勝屋　なるほど、なるほど。

金井純代さん かない・すみよ
歯科医、アリスベッド代表取締役社長
トイレ付きだけでなく、うつぶせ寝マットレスの開発・製作も取り組んでいる。

市川　けれど、父は、自分の腰がダメになったら、そのときは母親の排泄介助はできない、っていう不安はあるみたいなんです。そこまでわかっているのなら、きっといずれは自分のトイレのことも大変になるかもしれないって、気づくだろうとは思っているんです。

年をとると寝床とトイレと風呂場の距離が問題。

金井　年をとると、移動距離が問題になるのよ。そこでね、私は知恵を使うべきだと思うのよ。介護の種類じゃなくって、何で知恵を使わないんだろうねえ。この多機能マットレスもひとつの知恵なのよ。

奥川　そうよ、うん。

金井　福祉用具使うしかないじゃない。家中、いろいろ張り巡らして、お風呂ひとりで入れるようにしたっていいのよ、日本だって。

奥川　元・東京都老人総合研究所の林玉子さん（現・聖隷クリストファー大学教授）がね、トイレと風呂場とベッドルームと、火事になったときに逃げる窓までのすべての天井にレールを敷いて、寝たきりになった人をスムーズに移動しながら介護できる、百年、二百年持つ家を考えたけれど、日本ではなじまなかったのね。百年、二百年というのは日本人の家感覚にはないし、値段が高すぎるのよ。

金井　だから、それをやるのが行政だと思うのよ。例えば、ベッドの横に水洗トイレを持って来てみたりね、その隣にお風呂があったっていいのよ。

奥川　うちはだから、トイレと洗面所と風呂場を全部ひとつの空間にしたの。ベッドは置けないけどね。そしたらね、工務店のおじさんがね、何度説明しても理解できないの。おかしいでしょ。風呂場とトイレの仕切りはいいとしてね、トイレと洗面所を分けようとするの。トイレと洗面所がつながっているということが、受け入れられないのよ。

市川さんは、寝室、トイレ、洗面所、風呂を一直線に。

市川　実はうちもそうなんです。この前、母親のために、家を建て替えたんです。
奥川　へえ、建て替えたんだ。スゴいねえ、思い切ったねえ。
市川　その理由なんですが、あるとき、母が二階へ行く階段を上がれなくなっちゃったんです。あともうひとつ、玄関先の三和土《たたき》に靴を脱いで上がることが問題になったんですね。
勝屋　靴を脱ぐことが？
市川　そう、母が自分で靴を脱いで廊下へ上がることができる場所は、三和土の一角しかなくなっていたんです。けれど、僕や父がそこに靴を脱ぎ散らかしていたから、イライラしていたようなんです。階段が昇れないことにイライラして、自分で脱げる場所に靴が置けなくてイライラして、〝私は大事にされてない〟って言い出したんですね。

奥川　できない、とは言えなかったのね。

市川　なので、失禁もあったし、これは建て替えのチャンスかなあって、父に相談したんですね、そしたら、父も建て替えを考えていたんですね。

奥川　お母さんは、了解したのね？

市川　ええ、何とか。

設計を、両親に理解してもらえるのに時間がかかった。

市川　ひとり息子の僕としては、お金を出すからその代わりに設計にも参加したいと言って、できたのが、寝室、トイレ、洗面所、風呂場が一直線になっている家なんです。

奥川　ああ、全部を一直線にしたんだねえ。

市川　そして、それぞれの仕切りのドアを全部引き戸にしたんです。だから母の車イスでも、ずーっと行けるんです。

奥川　上にレールがある？

市川　そんな大掛かりではないですよ。上にレールなんて、無理です、無理です。

奥川　そうね、普通の家だと無理だね。それに、レールが必要になったら、在宅で介護するのは難しいものね。

市川　ここで何をお話したいかというと、このことを両親に理解させるのにものスゴく時間がかかったんです。これは金井さんのマットレスと同じだと思います。

勝屋　一直線にすることをですか？

市川　そうです。まず母が、失禁してしまったときのことを話したんです。僕はそのとき側にいなかったので、トイレに行こうとして倒れたのか、寝ているベッドから落ちて失禁したかはわからないんですけれど、とにかくできるだけ寝床とトイレが近くてスムーズに行けるほうがいいだろうと、話してみたんです。

奥川幸子さん おくがわ・さちこ
対人援助職トレーナー
医療や福祉の現場で働く対人援助職のレベルアップのために日々奮闘の毎日。

勝屋　今は、お母様は、車イスなんですか？

市川　今のところは自分で車イスを操っているんですけれど、二十代のときからリウマチの進行を覚悟していたようで、いずれ寝たきりになるだろう、施設に入るだろうと、僕が小さい頃から言っていましてね、だから、母はオムツとかは覚悟しているんです。

奥川　自分が一番わかっているんだよね。

市川　それならば、寝室の隣にトイレ作ろうと。それはすぐ賛成してくれたんです。じゃあ、ついでに洗面所と洗濯機を置こうと。そして、もしも汚れてしまったときのためにと、お風呂もねと話をしていって、一直線の僕の設計が通過したんです。すべて手すりがついています。寝室、トイレ、洗面所、お風呂場をすべて通して。

奥川　なるほど、それだと便利よね。

それでも「間に合わない」と金井さんは言った。

市川　この前、金井さんに何年かぶりにお会いしたときに、このことをお話したんです。母が失禁してしまったので、家の設計を、特に寝室とトイレの位置を隣り合わせにしたと。そしたら、金井さんが〝あなた、そんなの間に合わないわよ〟っておっしゃったんです。でも、今のところ、うちの母は車イスですが、自分でトイレに行けるので、寝たきりになったときはオムツでいいと、まだ、言っていますね。

金井　どっちにしたってね、自分でできる間はそれでいいのよ。

勝屋　じゃあ、それからさらに自分でトイレができなくなったら、多機能マットレスになるってことですか？

金井　そうそう、だんだん距離が近くなって来るのよ。

市川　そういうことなんでしょうね。最期まで、在宅で暮らし続けようと思うと、トイレに自力で行けない場合や介護者がいない場合は、そこでやるしかないってことですね。それをオムツにするか、トイレ付きマットレスにするか、ということなんですね。それを、きっと、いつか母自身が選ぶんですね。

金井　そう、それで、ヘルパーに来てもらってあと始末してもらうなり、するのよ。

勝屋　今は、特別養護老人ホームは、八十歳過ぎないと施設に入れないって聞いたんですけど。

奥川　まあ、緊急度が高ければ別だけれども、だいたい入れないね。

勝屋　ということは、どうしたってかなりの家庭が、在宅で寝たきりの高齢者を看なくちゃいけないということになりますよね。そうすると、〝寝たきりになったら紙オムツ〟ではなく、オムツを選ぶかこの「穴」付きベッドを選ぶかという選択肢があるっていうのは、いいですよね。紙オムツしか無いというのは、ちょっと辛い。

元気な人は納得したと言うトイレ付き介護マットレス。

奥川　ねえ、ねえ、ほんとうにこのマットレス一台も売れていないの？

金井　売れてないわよ。

奥川　初めのは、ビデもついているのよね。

金井　トイレ付きハイテク介護ベッドよ。ベッドの下からトイレが出て来るんだもん。

勝屋　それは、バブルのときに値段が高くても売れたのに、ただ「穴」が開いているシンプルにしたとたんに売れなくなった、これは、なぜ？　ってことですね。

奥川　そりゃあ、ビデがついていないからよ。

金井　ビデ付けたら、高くなるもの。でも、これなら洗えるのよ。私がこれを広めるために今アクセスしているのは、ケアマネジャーとか看護師さんなのよ。現場の人にわかってもらうしかないと思って。

市川　へえ、それで、現場の人はわかってくれますか？

金井　ううん、一番わかんないのがその連中なの。普通のおじさん、おばさんたちに見せると、これいいねえ、安心したよって言ってくれるのよ。

奥川　でも、買わないんでしょ？

金井　買わないわよ。まだ、元気だもの。

奥川　元気なうちは、そういうものを心配して、見に来るのよ。自分で考える力があるわけ。ところがね、いざ、寝たきりになっちゃうと、今度はあなた任せになっちゃうの。

金井　そう、ケアマネさん任せなの。

奥川　日本人は気が弱くなっちゃうと、主体性が発揮できない民族なのよ。

勝屋　このベッドは、寝たきり後排泄に関する救世主になるんですかね？

奥川　救世主には、ならないんじゃないの？　寝たきりは、その人その人によって全然覚悟の仕方が違うから、まだ復帰したいと思ったらオムツをその間使うだろうしね。その病状とかね、年齢とかね、自分がこれからどうしたいかってことで、全然違ってくるわよ。

勝屋　そうですよね。人は、寝たきりの人ためのベッドは買わないかも。

金井　いや、元気なときから使うのよ。普通のマットレスとして。老後に備えて、私はこのマットレスで寝ているのよ。スゴく安心なのね。もし、私が立てなくなったら、フタを開ければいいんだっていうのがあって、それがインプットされれば、認知症になっても大丈夫だと思うのよ。

奥川　それはダメ。認知症になったらね、新しく獲得したものは、落ちちゃうから。

オムツされる側の気持ちもヘルパーは知っている。

市川　ホームヘルパーになる人が養成研修を受けるときに、オムツをしてオシッコしなさいって、演習と言うか宿題を出す研修機関があるんですよ。ご存知ですか？

勝屋　それは、覚悟させるためにやるんですか？

市川　それは、オムツが、どれだけイヤなものなのかを、介護する側が知るためなんです。オムツが気持ち悪いものだってことがわかった上で、介護しなさいってこと。すべての養成機関でやっているわけではないと思うんですけれど、このことが大事だと思っているところではそういうことを教えているんです。家でオムツしてオシッコしなさいと、言って。

奥川　でも、中にはオムツに出せない人もいただろうねぇ。

市川　まあ、そうかもしれませんが、やはりその人の気持ちになるっていうのは、それぐらいしないとわからないじゃないんでしょうか。

奥川　そっか、それがウンチならなおさらだろうね。だからきっと、このマットレスは、ウンチがくっつかないと言っただけでは実感がないから、なかなか伝わらないのかもね。でも、問題はウンチなのよね。

現場の介護職は走り回るほど忙しいのが現状。

市川　あと、金井さんがおっしゃるほど、オムツを無くそうっていう発想が介護職にないわけではないんです。施設によってはオムツ減らすために、排泄のパターンに取り組み、オムツを二十%ぐらいまで落とすとかやっていたりするんです。うちも頑張っています。

勝屋　ちゃんと、やっているところもありますよね。

市川　先日、現場の人たちに、トイレ付き介護ベッドについてどう思うかと聞いてみたんです。そしたら、オムツを選びます、って言うんです。

金井　そりゃあ、オムツのほうが楽だもん。

市川　いや、オムツが楽だ、って言ってしまうとそれで終わってしまうんですけれど、介護職としての本音は、そんな暇がないっていうことだと思うんです。

奥川　現場は走り回っているっていうね。

市川　そうです。だから、オシッコについてはオムツでもしょうがないかなっていうのが、現場の本音なのかもしれません。問題は奥川さんがおっしゃるようにウンチかなと思って、もう一回聞いてみたんです。ウンチは一日一回か二回じゃないですか。ウンチはどうだろうかと聞いてみたら、そのとき初めて反応があったんですね。

オシッコとウンチは別もの。だからこそ「穴」。

奥川　たしかにウンチの問題とオシッコの問題はちょっと分けないといけないよね。ウンチは、ベシャッとお尻につくのはイヤじゃない。

金井　どっちだって、やっぱりイヤじゃない？

奥川　いやあ、違うよ。オシッコは吸い取ってくれるじゃない。今スゴくよくなって、固めてくれたり、吸い取ってくれたりね。だけど、ウンチはベチャーっとなるでしょ。

勝屋　聞いてみたら、いかがでした？　市川さん。

市川　いろいろ話しているうちに、トイレに行けなくなったときに、いきなりオムツにするのではなくて、トイレとオムツの真ん中の仕組みがあってもいいんじゃないか、という話にはなったんですね。自然と。でも、金井さんのはベッドの上でお尻を洗えるようになっているけれど、そのことを話していたら、今度は洗えない、って言い出したんです。

奥川　ああ、洗っている時間がないのね。

市川　そうです。忙しいって。とにかく、現場は時間がないんですね。

奥川　金井さんはマットレスの上で洗えるように工夫したけれど、今の現場では忙しすぎて、洗っている時間がないのね。大変なのはわかるけれど、望むらくは、オムツであろうが、なかろうが、何回かに一回は石けんで洗ってくれるのがいいんだけどね。石けんで洗うのが、一番いいのよ。

金井　だから、『凛』は、「穴」があって水が貯まるようになっているのよ。女の人はあそこにウンチが入っちゃうと大変なのよ。

奥川　そうだよ、だからそれをきれいにするには、訪問看護師はやっぱりちゃんと石けんできちっと洗って、それで洗い流すということが必要。でも、それは、オムツであろうが、そうじゃなかろうが、ほんとうは必要なわけじゃない。

金井　オムツ交換のとき、マヨネーズの空チューブに入れた水を使って、やっているのよ。でもオムツでやるとなると、きれいなオムツまで使うことになって、オムツが無駄になるのよ。『凛』なら「穴」があるから、お水が安心して使えるの。そこに落とし込めるから。

奥川　それはそうね、今はエコの時代だから。病院は、ビニールを敷いてお尻を洗うわけじゃない、マットレスが濡れないように、って。新しいオムツまで使ってね。病院に、このマットレスを使えば、きれいに洗えるし、いいんですよ、って言ってもダメなの？　通じなかった？

金井　いやあ、そこまでやっていない。

オムツから切り離すための福祉用具のひとつ。

市川　今、思ったんですけれど、説明の仕方があるんじゃないでしょうか。奥川さんがおっしゃったみたいに、ベッドの上でお尻を石けんで洗うことを排泄介護の中身にきちんと入れればいいと思うんです。そうすれば、介護職は、理解するんじゃないでしょうか。

勝屋　介護の中身に入れるっていうことはどういうことですか？

市川　お尻を石けんで洗うということを必ず排泄介護の手順にきちんと組み入れるということです。その上で、このマットレスは、要介護者を、いろんな意味でオムツから切り離すための福祉用具であって、トイレではないという発想で考えたらいいんじゃないでしょうか。

奥川　なるほど、さすが現場の人の意見だね。その上で、利用者にとっても、介護者にとっても、マットレスに穴を開けたことにどういう意味があるのか、そういう説明をすれば、介護職も理解するね、きっと。福祉用具というのは、福祉用具単体で役に立つという幻想がみんなにはあるのかもしれないけれど、所詮、人の手を借りて使っていくものだもんね。

勝屋　マットレス単体では成立しない、介護の手を入れないと無理だってこと？

奥川　そうだよ。きれいに洗えるしね、いいんだよ、っていうふうに言えばいいんだよ。介護の手も、エコで楽になる、って説明すれば、十分にこれは役に立つ機器じゃん。

寝たきりの先の話は、誰にも理解されない。

奥川　私もね、知り合いの市社協の事務局長の人に、このマットレスは何で売れないの？と聞いてみたのよ。そしたらね、その人、これは生活に結びついてないんじゃないかって、言ったのね。日常生活にはまだなじまないって、私の説明じゃなじまないって。

勝屋　その日常生活に結びつくっていうことは、どういうことなんですか？

奥川　まだその前に、専門職として生活を支援することがたくさんあるはずだと。なるべくトイレに行けるようにしていくとか、ポータブルトイレにするとかね。

勝屋　諦めない、寝たきりにさせない、っていうことなんですね。

奥川　寝たきりになったあとの話をしても、人間そうかんたんに理解できないし、人手が足りない施設でさえ希望は捨てないで介護をしているんだと、言うのよ。だけど私が、〝でも、現場じゃ、いきなりオムツじゃない〟って言ったら、彼は〝そりゃそうじゃない〟って言うんだけれどね。だから、オムツとトイレの真ん中のものが必要だという、さっきの市川さんの話がよく理解できたわ。
市川　現場も、悩んでいると思うんです。ポータブルトイレからオムツへ行ってしまうことを。
奥川　だから、このマットレスが、オムツとトイレの真ん中の新しい材料になるかどうかだよね。
勝屋　うんうん、なるほどね。
奥川　それがね、まず利用者側から、そして介護する側からも、スッとこのマットレスがいいって、落ちる共通の目標にならない？　ねえ、いいところにいったでしょ。

勝屋なつみ　かつや・なつみ
フリー編集者、ライター
今、追いかけているテーマは、「老い」「介護」「死」。

ポータブルとオムツの中間があってもいいじゃないか。

金井　このマットレスのことを、みんながわからないというのが、わかったわ。
奥川　わかった？　どこだった？
金井　要は見たことも何にもないし、ポータブルトイレとオムツしかないのに、その中間のものなんて考えられないのよ。

市川　みんなの想像力が働かないってことですよね、きっと。それは、うちの母も父もそうなんだと思います。

奥川　そうそう。私の説明を聞いた市社協の人も、最後は、そうか、って言ったもんね。

市川　僕は、介護者はそもそもオムツケアをするのはイヤだと感じていると、思いたいんです。もちろん人にもよるでしょうけれど、いい介護者はオムツをさせるのはイヤだ、と思っていると思うんです。オムツは赤ちゃんがするものであったり、どうしようもないときに緊急にするものであって、日常的にするものじゃないって思っていると思うんです。

奥川　だから、ポータブルトイレとオムツの中間の位置づけにして、やればいいんだよね。

ほんとうに困ったときにはよくわかる『凛』のこと。

金井　この前、頸椎損傷の男の人から問い合わせの電話があったんだけど、そういう人に説明すると、よくわかるのよ。

奥川　そう、それは当事者だからね。

金井　ホームページを見てすぐ電話してきて、頸椎損傷だ、って言うから、手は使えるでしょ、って言ったら、使える、って。歩けるの、って言ったら、車イスだと。

奥川　へえ、頸椎で。何歳？
金井　五十五歳、男。穴に尿瓶を入れておけば、いつでもできますよ、って言ったの。
奥川　ああ、いいじゃない。そういう緊急支援にぴったりじゃない。やっぱり、本人が緊急事態にならないと理解できないんだよね。
金井　そう、そこで初めて理解される。でもね、電話をかけてきた頸椎損傷の人に商品を送ったら、梱包も解かずに送り返して来たの。理由は妻と入院先の看護師長が、こんな多量な洗濯物はできません、って言ったらしい。介護する側は、やっぱりわかんなかった。
奥川　この問題は、一人一人が、考えないといけないのよ。オムツにするにしろね。ジャーナリズムもすべて、最期の最期の排泄のことは、考えない、書かない、抜かすのよ。だから、理解されがたいのよ。
金井　情けないわ。私は、ただ、家にいたいから作っただけなのに、理解されないなんて。
勝屋　そんなことはない。発明ってそんなもんだと思うんですよ。
市川　ああ、みんなさんが、金井さんを励ましているんですね。
金井　ありがとうね。でもね、私はね、そんな美しいものではないのよ。
勝屋　励ましているんじゃなくて、最期まで自分で排泄したい、排泄させてあげたいという、金井さんの美学と生き方がいいと思うんです。

あとがき

「寝たきり後の排泄」問題は、
結局、自分がどう死にたいかということだ。

私にとっての「寝たきり後の排泄」問題について、話そう。

一年間にもおよぶ「寝たきり後の排泄」問題の考察を、ここでひとまず終えようと思う。金井さんというとても魅力的女性に出会い、その人が精魂込めて作った『多機能マットレス アリス 凛』を通して、人にとって「排泄」ということが一体どういうものなのかをたくさん考えた。いろんな人の話を聞き、いろんな本を読み、わからないことを調べ、そして「二宮身体拘束裁判」の最高裁の傍聴にも出掛けた。私にとって、これらは、すべてがとても興味深く、楽しい作業だった。そして、十二章まで原稿を書き上げた。

ところが、その原稿を読んで、この本の発行者である三輪敏さんが、〝で、勝屋さんは、結局どう思ったの？〟と言ったのだ。そう言えば、奥川さんからも〝勝屋さんは、この本どうしたいの？〟と何度か聞かれていた。そのとき、私はこんなふうに答えていたと思う。

〝考え方も、死ぬときの状況も人それぞれなので、「寝たきり後の排泄」はこれがいいとは言えない。なので、結論はない。ただ『凛』は、自分の「寝たきり後の排泄」をどうしたいかを考えるきっかけとして、いろんな問題提起をしているので、そのことを伝えたい〟

この問題を解決するには『凛』しかないと強く信じている金井さんは、〝コイツ、何もわかっていないな〟と思ったに違いないのだけれど、ほんとうにそう思ったことは確かだ。

金井さんには申し訳ないが、〝これしかないっ！〟とは、私にはどうしても思えなかった。

なので、その理由をもう少し突っ込んで書こうと思う。

生まれて初めての親の看取りから学んだこと。

三年前の七月二十三日に、父が病院で死んだ。最期の入院は、たったの十三日間だった。

死因は、肺ガン。享年、八十五歳。私の生まれて初めての、親の看取りだった。

父は、死ぬ十六年前に、一度肺ガンになり、手術し片方の肺の三分の二を摘出している。

我慢強い人で、そのときの術後も一回も〝痛い〟とか〝苦しい〟と言わなかったらしい。

人は生きている以上、呼吸を止めることはできない。肺を一部とはいえ摘出するということは、まだ傷口が癒えていない間も呼吸をし続けることになる。人に聞いた話だが、その間の痛みは堪え難いものだということだった。しかし、父は何も言わずに我慢した。

あるとき痛くないかと訊ねたら、父はこう言った。

「戦争で死んだことを考えれば、大したことが無い」

父は、学徒動員で徴兵され、海軍航空隊に配属された。もう少し戦争が長引いたら、特攻隊として出陣し、おそらく死んでいただろう。父が心から尊敬していた年下の海軍兵学校出身の上官は、十八歳という若さで空に散っている。父は、そのことを、どんなときも忘れることはなかったようで、常に基準は戦争で死んでいった人たちにあった。

最初の手術から十三年後、再び肺に白い影が発見された。

主治医の説明では、転移ではなく、原発性、新たに肺ガンになったということだった。父は手術を強く望んだ。どんなに苦しくてもいい、頭にガンが転移することだけは避けたいというのが理由だった。しかし、両方の肺に影があることがわかり、手術を断念する。放射線には向かない肺ガンで、抗ガン剤も効果がなかった。そのため、月一回、検診に通い様子を見るだけという日常となった。父は自分で車を運転し、ひとりで検診に通った。

死ぬ数ヵ月前に母から、父の肺はほとんどが白くなっているらしいと聞いた私は、父に、私たちも一緒に主治医の話を聞きたいと伝えた。すると、父はこう言ったのだ。

〝あなたたちは、私がいつ死ぬか知りたいのですか？　私は常々楽しく生きたいと思っています。ガンと私は、一身一体です。私は、死ぬまでガンと仲良くやって行こうと思っています。誰かに心配されたり、悲しい顔をされたりするのは好きではない〟

その意思を貫き、最期の入院までいつもと同じ日常を送った。

家のゴミ出し、庭の雑草抜き、母から頼まれた買い物……、その他にも父は週一回、近くのデパートにあるパン屋に出掛け、パンド・ミを二斤買って来るのを習慣にしていた。最期の検診も、父はいつものように自分で運転しひとりで病院に行き、そのまま入院となった。そのときすでに重い肺炎を起こしていたのに、ひとりで病院の駐車場に止めてあった車まで、入院用荷物を取りに行ったらしい。主治医は、とても苦しいはずなのに自分で取りに行ったことにいたく驚いたらしく、わざわざ私たち家族にそのことを話してくれた。入院はそれまでも何回かあったので、最初は、私たちはあまり気にしていなかった。

しかし、次の日、病院から電話があり、私たち家族が呼ばれ、主治医からあと二〜三日だろうと宣告された。同時に、延命治療をどうするかを聞かれ、母たちと相談し、すべての延命治療を断わった。主治医も、そのほうが父も苦しまないだろうと賛同してくれた。

それから、私たち娘三人と孫二人、五人体制の病院看護が始まった。母は、もう老いていて、せいぜい昼間に数時間見舞いに来るのが精一杯だったからだ。

父は、入院と同時に酸素マスク装着となった。食事も水も取り上げられ、すべて点滴になった。肺ガンなので、万が一誤嚥《ごえん》して気管支に入ったりしたら大変なことになるからだろう。そして、オムツになり、導尿となったのだ。

父は無類の食いしん坊だったので、口から食べられなくなることだけは可哀相だと思ったけれど、死に際だから仕方が無いだろうと私は内心思っていた。

一時は快方に向かい、余命三日も過ぎた。父は見舞客が来るとおしゃべりを楽しむまで回復した。しかし、肺に取り込まれる酸素量は、確実に減少していった。当時の私は会社勤めだったので、主に夜間の看護当番だった。ある日の夜、病院に行ったら、父は胃瘻になっていた。胃瘻は、延命治療のひとつではなかったことを、このとき私は初めて知った。

父は夜中に突然ベッドから立ち上がり放尿した。

死ぬ数日前の夜、その日の当番は大学生の息子だった。息子が簡易ベッドで寝入っていたら、父が知らぬ間に立ち上がり、そこでジャーッと放尿したという。ベッドから離れたので、導尿の管も、胃瘻も外れてしまっていた。息子は、さぞや驚いたことと思う。

その頃には肺にほとんど酸素がいかなくなっており、看護師の話だと、常時洗面器の水に顔を突っ込んでいるような状態だそうで、苦しくなって我慢ができなくなったときは、モルヒネで苦しさを軽減するようにしていた。父は、その朦朧《もうろう》状態のまま、夜中にトイレに行きたくなり目覚め、立ち上がり、そのままオシッコをしてしまったのだろう。

私は思う。いつ出ているかわからない導尿よりも、自分の足で立ってオシッコするほうが、どんなにか気持ちがよかっただろうと。

しかし、そのあと、父は夜間、ミトンでベッドに縛り付けられることになった。そうしないと、朦朧としたまま立ち上がろうとし、点滴の管や、胃瘻を外そうとしたからだ。


最期の晩、「苦しいーっ！苦しいーっ！」と二度叫んだ。


私はあわてて、起き上がろうとする父を押さえ、ナースコールのボタンを押した。看護師がすぐに来て、モルヒネを点滴してくれた。そのとき、父はハッキリと私に命令した。

「このミトンを外しなさいっ！」

私は、父の身体を押さえながら、頭を下げた。

「ごめんなさい。ここで起き上がったら、胃瘻が取れてしまう。だから、できない」

すると父は、黙ったのだ。そしてもう、起き上がろうとはしなかった。私の言ったことを理解したように思われた。そのうち、モルヒネが効いてきて、父は眠ってしまった。

次の日の昼過ぎ、父は暴れることも無く、静かに逝った。たった、十三日間の入院だっ

あとがき
「寝たきり後の排泄」問題は、
結局、自分がどう死にたいかということだ。

た。その十三日間を私たち家族は、交代ではあるけれど、ずっと父の側に居て看護できたと思う。しかし、死ぬ間際にどういうことが起こるか、私たちが何も知らなかったために、父は導尿になり、オムツになり、胃瘻になり、ミトンでベッドに縛り付けられた。

ほんとうに父には申し訳なかったと思う。けれど、奥川さんは、こう慰めてくれた。

「今はね、みんな、親の死しか経験していないのよ。だから知らないの。わからないのよ」

そう、私にとっては、これが初めて自分が看取った身近な人の死だった。

父は、自分の足で歩いてトイレに行くことにこだわった。

父は、肺だけがダメになっていただけで、他は何の問題もなかった。モルヒネのために、夜間せん妄状態であったかもしれないが、自分の足で立ち上がりトイレに行こうとした。なので、あのときに『多機能マットレス アリス 凛』があったら、父の思いが解決したか考えてみたけれど、残念ながら、父の場合は解決できなかった、というのが私の結論だ。自分の足で立ちトイレに行くことが、父にとって生きている証だったように思うからだ。

〝年寄りがトイレに行くってね、自分が生きている証なのよ。自分で排泄するということがね。それがバッテンになっちゃうと、もう自分がお終いなんだと意識するんだね〟

と、金井さんは、言った。父も、まったくその通りだったと思う。そして、父の場合はトイレに行けなくなったときが、身体的にいってても死ぬ間際、最期の最期だった。

また、父はどうしても在宅でと考えていなかったふしがある。

「私は『凛』のようなものがあれば家で死ねると、誰が何と言おうと思って作っているんです。『凛』が誰にとってもオンリー・ワンでないことはわかっているけれど、少なくとも社会的入院は排泄問題が省力化できれば確実に減ると信じているの」

〝家で死ねるかどうかは、道具で解決するのではなく、介護する家族との人間関係で決まるのよ。だから、今の日本では、在宅で看取るのは無理なのよ〟という奥川さんの言葉に対して、金井さんは最後までこう言い張った。それは、そうかもしれないと私も思う。

ただ、金井さんの思いは〝家にいたいから〟だが、私の父は少し違ったようなのだ。

父はとても用意周到な人だった。十六年前に肺ガンになったとき、いろんな有名病院で検査を受けたのに、手術する病院は家から車で十五分の総合病院を選んだ。いい病院ではあったが、父は場所でその病院を選んだようなふしがある。そのあと、ちょっとしたことがあると、その病院へ通った。皮膚科、泌尿器科、内科、呼吸器科……。十六年間、とにかくその病院ですべてを済ませた。そして、いろんな医師や看護師との人間関係を作った。なので、父はこの病院で死のうと決意していたようにしか、私には見えなかった。

もちろん、自分が治療に通いやすい距離であったからだろうし、入院したとき家族が看護しやすい距離でもあったからだろう。父は、一度も家に帰りたいとは言わなかった。おそらく同居している家族は、老いた母と仕事を持つ忙しい姉だけなので、在宅で死ぬことは難しいと考えていたのだろう。

この父の覚悟は、私たち家族にとって、ほんとうにありがたかった。彼は、どんなに苦しくても、ぎりぎりまで自分の生活を続けた。介護保険も一度も利用しなかった。そして、自ら病院へ入った。最期の二週間は、大人になった私たちにとって、久しぶりの父との時間であり、家族との時間になった。孫たちも、祖父の死に立ち会うことができた。

さて、私はどうするか。まず、排泄についてだ。

私は、金井さんのような排泄へのこだわりがないと思う。金井さんも一人出産しているけれど、私は二人子どもを出産している。約二十数年前の経験は、私の羞恥心を変えた。最初の出産を終わったあと、それまでずっと謎だった、オバさんが図々しい理由がわかった。そして、私はオバさんになったと、三十二歳で思った。これは、ほんとうの話だ。出産というのは、なかなかラディカルなのだ。お尻の穴から生命を生み出すのだから、当然といえば当然だが、ウンチ・オシッコのレベルから見ても、十分にラディカルだ。まず、出産直前に浣腸して全部ウンチを出す。ウンチと一緒に子どもを産まないためでもあるが、浣腸は同時に陣痛も促進させるという効果もあるらしい。そして、陣痛台に上がり股を開き、大きい太いウンチをひねり出すように二人ともを出産した。

四千五百グラムと三千七百グラムの大きな、大きな赤ちゃんだった。

出産直後何時間かは出血しないように安静にしていなくてはならない。私の場合は、分娩台に乗ったまま何時間かを過ごした。この間は、トイレにも行けないので、導尿になったのだが、大きなビーカー二杯分ものオシッコが出た。看護師が驚いて、〝我慢してたんだ。辛かったでしょう?〟と聞いた。私も驚いたが、尿意はまったくなかった。そのときの導尿の生暖かい尿が、スルスルと管を通って出ていく不思議な感覚を覚えている。

私は身長が百七十六センチの大女なのだが、それに比例して膀胱も十分大きかったのだと知った。私にとっては、妊娠、出産は、自分の身体を深く知る興味深い体験だった。

そして、この本のテーマの都合上恥ずかしながら告白するが、出産後、腹圧性尿失禁になった。くしゃみしたり、急に走り出すと、少量ではあるけれど漏れそうになるのだ。若い頃は、症状は大したことがなかったけれど、更年期あたりからヒドくなった。女性ホルモンが減少したせいだろう。若干だが、日々の生活に支障が出て来た。尿失禁予防の骨盤底筋体操もしているが、万が一のために生理用ナプキンサイズの尿失禁用のナプキンが欠かせない。それが使い心地がいいことも体験ずみだ。

つまり、その延長上として紙オムツがあると、私は思っている。尿失禁のせいで出掛けられないくらいなら、パンツ式紙オムツをはくだろう。ウンチについてはわからないが、オシッコは紙オムツでも私は抵抗がない。排泄のこだわりは、人によってもこんなに違う。

ただし、排泄介護となると論点が違ってくる。

さて、死ぬ間際の私のオムツを誰が替えてくれるのだろうか。いや、そもそも、そのとき私はどういう状態で、どこにいるのだろうか。いろいろ考えてみる。

今のところ、高血圧でも、高脂血症でもないし、糖尿病でもない。五十五歳で、持病らしい持病の無いということは、長生きする可能性は十分ある。あまり長生きしたいとは思っていないのだけれど、長生きすれば認知症になる可能性もある。けれどそのときは、もう、私ではなくなるのだから、考えても仕方が無い。一人家に取り残されるかもしれないし、どこか施設にやられるかもしれないが、認知できないのだからあきらめるしかない。

しかし、判断能力がありながら寝たきりになったとしよう。私は父のようにギリギリまで、自分で這ってでもトイレに行きたい。そこら中に、漏らしてしまうかもしれないけれど頑張ろうと思う。そして、最期の寝たきり期間は、できる限り短期間であって欲しいと思う。これは、神様にお願いするしかない。それが、父の死から私が学んだことだ。

死ぬのは、正直言って怖い。それに、思ったようには絶対に死ねないだろう。あんな用意周到な父だって、最期モルヒネで朦朧となってしまうなんて、ミトンで縛り付けられるなんて、思わなかっただろうから。

だから、ここで私が言ったことも絵空事にしかすぎないけれど、これからは、自分の「死」についてしっかり考え、向き合っていこうと思っているところだ。

『凛』は、金井さん母娘の愛情物語である。

母への思いを貫いて、その結果、また、たくさんの寝たきり後の排泄に悩む人たちに出会い、その思いに寄り添い、『凛』を作った。そんな金井さんは、ほんとうにスゴいと思う。けれど、金井さんも言っている通り、『凛』は万能ではない。認知症になってしまった人には使えないし、いろんな理由で尿意、便意を感じなくなっている人にも使いこなせない。どんな人のためのマットレスなんですか？　と聞いたときの、金井さんの答えはこうだ。

「尿意や便意があって、自分でトイレに行けないけれど、手は使える人。そして、介護してくれる人がいつも側にいられない人よ」

金井さんは、どんな人でも寝たきりになった親の側にいたいと思っていると、強く信じている。だから、介護する側にとっても、介護される側にとっても、一番厄介な排泄介護が、少しでも楽になれば、無理矢理施設や病院に入らずに、入れずにすむと思っている。

奥川さんは、こう言った。

「脊髄《せきずい》損傷の人なんかには、ピッタリなんだよね」

脊髄損傷とは、何らかの事故や病気で脊髄を含む中枢神経が損傷を受ける状態で、現代医学では決定的な治療法はない。腰椎以下が損傷すると手は使えるが、車椅子生活となり自力排泄が困難になる。若い患者も多く、介護が長期にわたるので、排泄介護が大きな負担になるのだ。確かに、そんな人たちに、『凛』は、ぴったりだろう。そして、金井さんの言うような寝たきり高齢者にとっても、とても有効な福祉用具なんだと思う。

しかし、これさえあれば、金井さんが言うように在宅で過ごせるとは、私には思えない。やはり、奥川さんが言うように、家族との関係性だと思うのだ。

けれど、『凛』には大きな、大きな存在価値がある。

高齢化スピード世界一の日本にとって、増大する老人介護は最大の難問だろう。このまだと、寝たきりや認知症の老人は、厄介者としか扱われない社会になる可能性大だ。ましてや、老人の排泄介護なんて、誰が真剣に考えてくれるのだろうか。寝たきりになったらリハビリか紙オムツ。リハビリがダメなら、紙オムツ、というのが今の日本の介護の現状だ。〝排泄は人が生きている証なのだから、紙オムツしかないなんて、おかしいじゃないか〟と、金井さんはそこにたったひとりで果敢に立ち向かった。

だからこそ、金井さんが二十二年かかって作った『多機能マットレス アリス 凛』に、私たちは謙虚に向き合わないといけない。

自分が人として生きて死んでいきたいのなら、他人も人として生きて死んでいけるようにしなくてはいけない。最期まで尊重しなくてはいけない。それは、当たり前のことだ。『多機能マットレス アリス 凛』は、私たちに、どう大切な人を看取りたいのか、どう自分が死んでいきたいのかを、問うている。

寝床に一番近いトイレ『多機能マットレス アリス 凛《りん》』

『凛』は、普通のマットレスとしても、電動式介護ベッドのマットレスとしても使用可能。夜間やトイレまで間に合わなくなったときに、そのままトイレにもなる。だから多機能なのだ。寝たままでも、手が使えれば、自分で排泄・処理が可能。ウンチやオシッコのたびに、家族にいろいろお願いせずにすむのだ。

基本はセット販売。『在宅はいせつセット』には、男女兼用ズボン『股あきパジャマ アリス 開』もあり、至れり尽くせりだ。

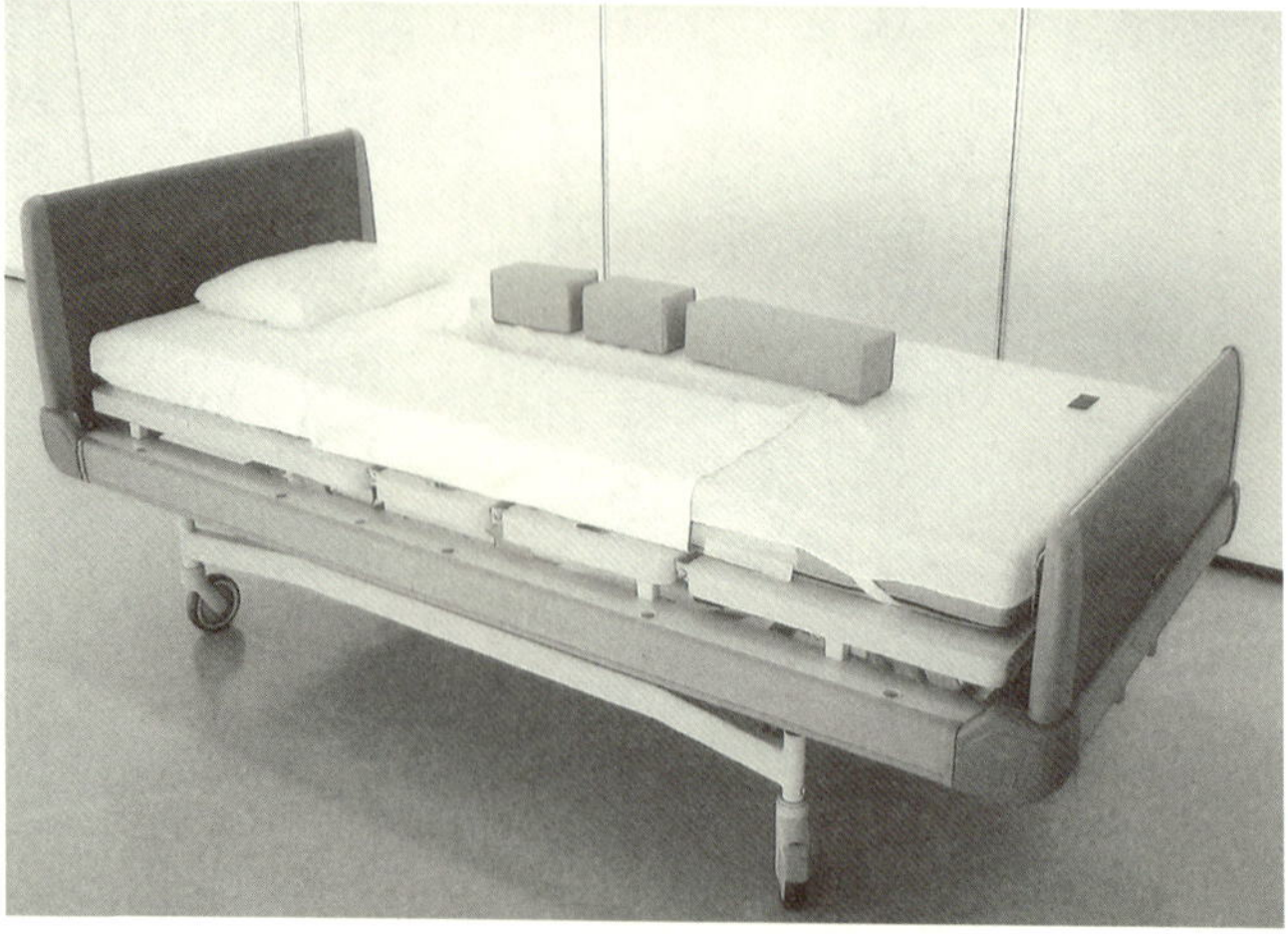

これが『凛』。アリス便器はまだセットされていない状態。

『凛《りん》』の使い方

❶ フタを取り、お尻に「穴」を合わせる。

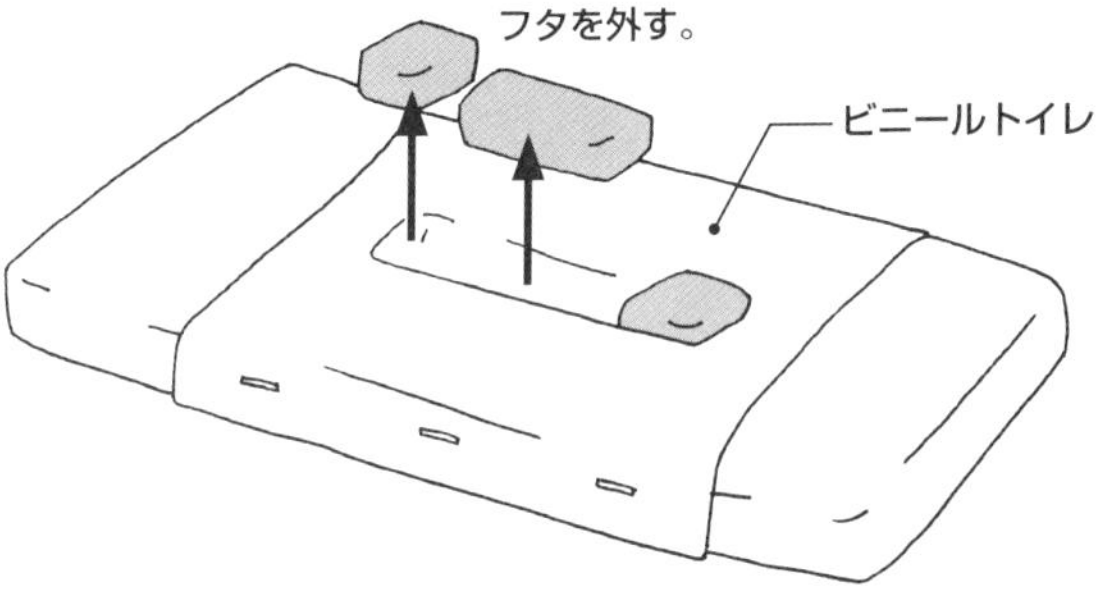

三つのフタはひとつは長さが40センチ、残りの二つが20センチ。お尻の位置に「穴」が来るように、フタを組み合わせる。「ビニールトイレ」は最初からマジックテープでセットされている。

❷ 床ずれ防止の「綿パッド」を敷く。

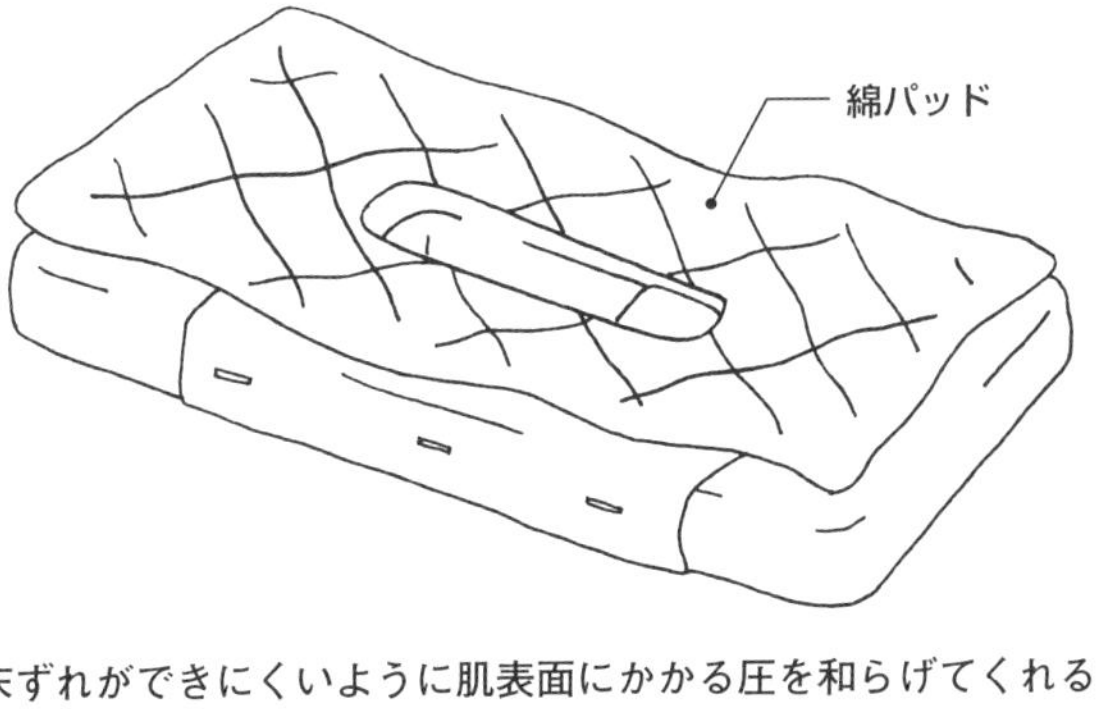

床ずれができにくいように肌表面にかかる圧を和らげてくれる「綿パッド」をマットレスの表面全体に敷く。

❸ 「吸水・防水全体シーツ」でマットレス全体を覆う。

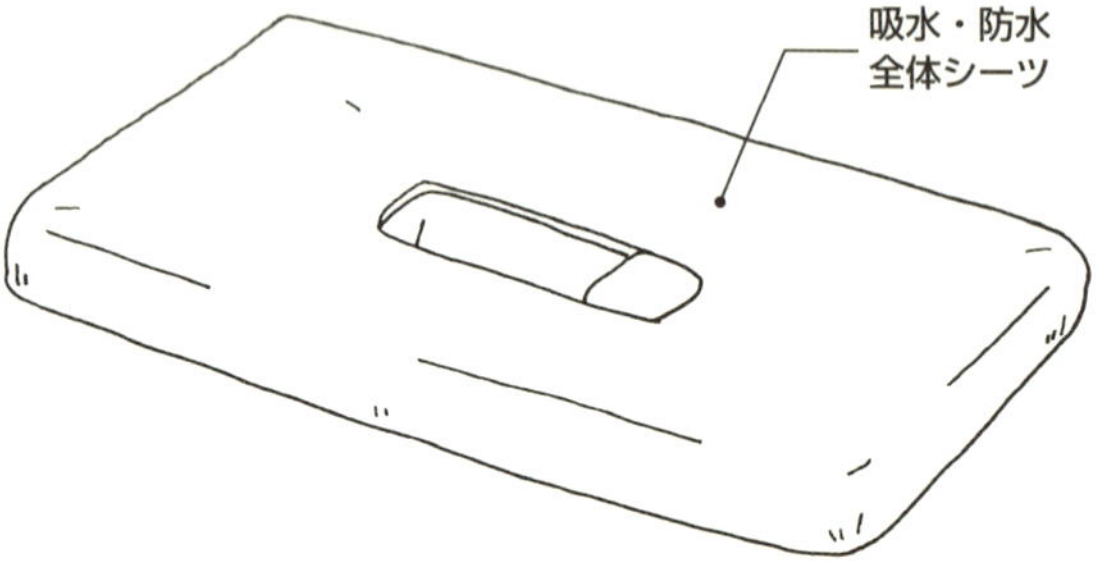

「吸水・防水全体シーツ」は、肌が触れる表面が綿、裏はビニールで防水加工されている。「綿パッド」と同じくマットレスの「穴」の部分はカットされている。

❹ 「穴」のまわりを「吸水・防水横シーツ」で覆う。

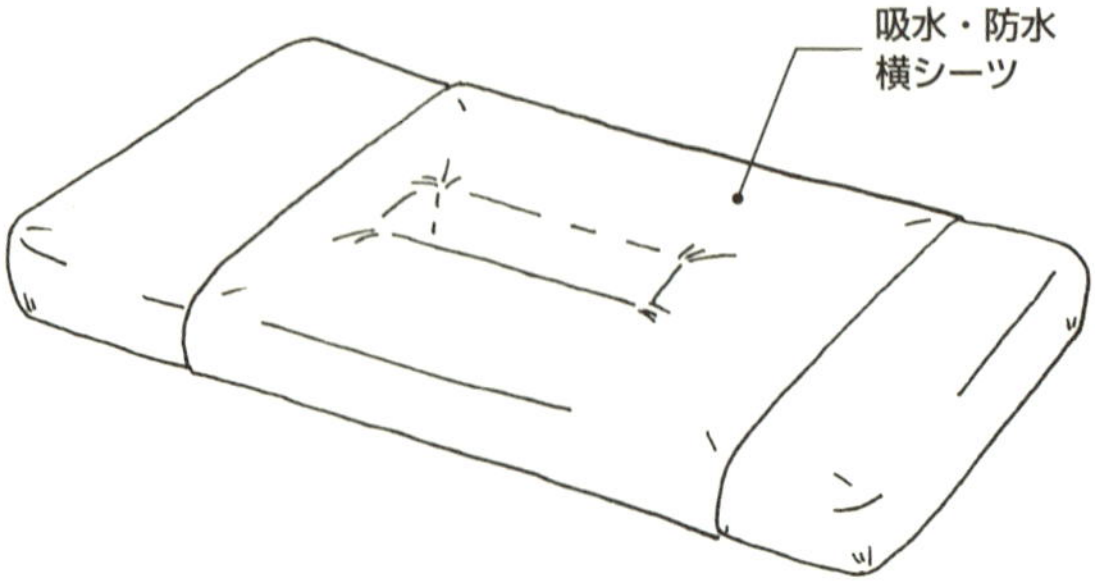

排泄物を受け取る「穴」とその周辺部分を「吸水・防水横シーツ」で覆う。これで、防水対策は万全！　ここまでの作業は、家族や介護してくれる人にお願いしよう。

❺ 「アリス便器」をセットする。自分でもセット可能だ！

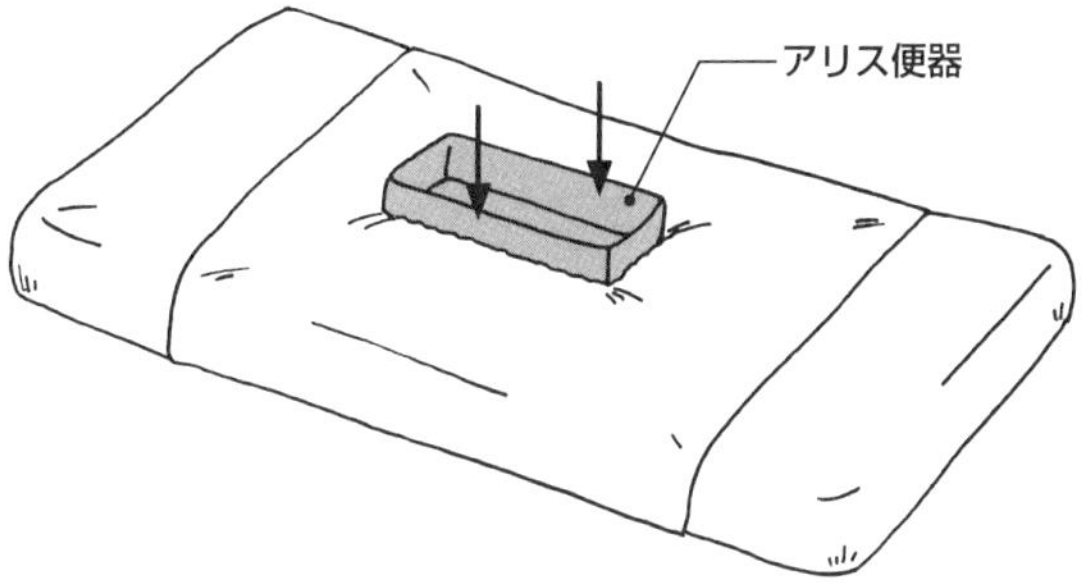

プラスティック製の「アリス便器」を「穴」にセットする。マットレスの「穴」はプラスティック製尿瓶がぴったり入るサイズなので、男の人のオシッコには市販の尿瓶も使用可能だ。

❻ 尿とりパッドを敷いたら、トイレ付きマットレスに変身！

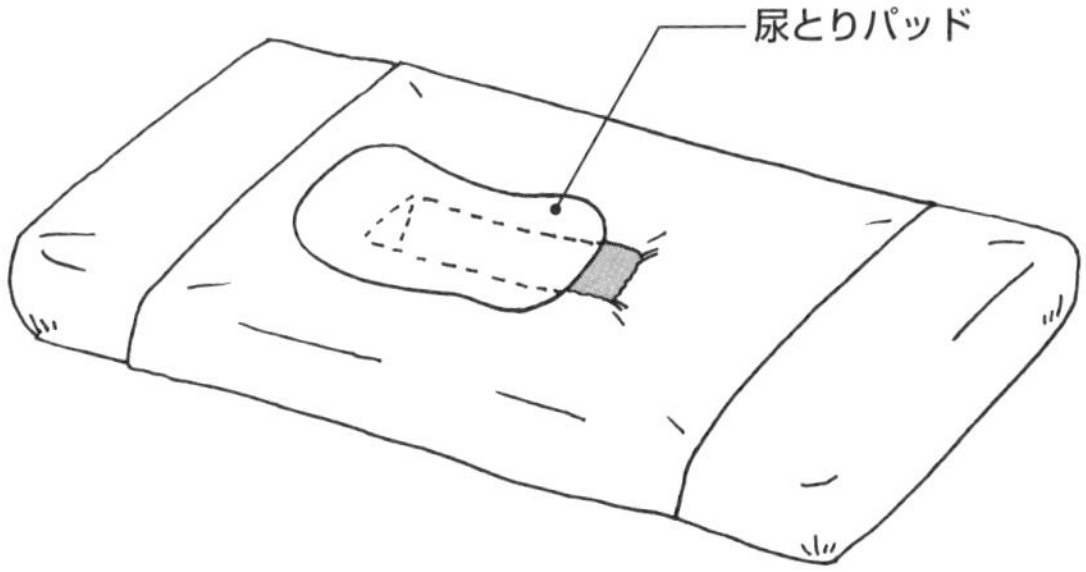

「アリス便器」中に市販の尿とりパッドや紙オムツ、ぼろ布やタオルなどを敷く。オシッコを吸い取る吸収量のあるものなら、何を敷いても大丈夫。タオルなら、洗濯して何度も使える。

❼ ベッドの背を起こして、さあ、ウンチ！オシッコ！

ベッドの背の部分を起こし、座る姿勢にしてから排泄しよう。足先に何か台を置けば、しっかりと踏ん張ってウンチもできる。終わったら、パッドは自分で丸めてフタ付きバケツにポイッ！

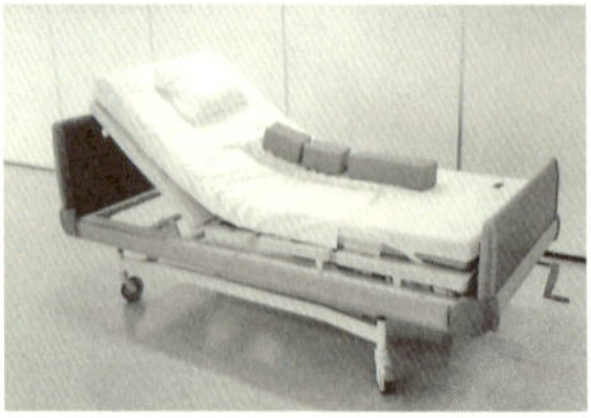

※『凛』は電動式介護ベッドのマットレスとして使ってください。電動式介護ベッドの本体部分は介護保険利用して、安価でレンタルできます。

「穴」と防水対策のおかげで、寝床でお尻が洗える!?

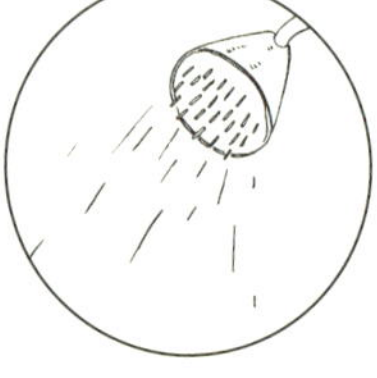

お尻が汚れてしまっても、「穴」と何重もの防水対策のおかげで、キャンプ用の携帯シャワーなどを使ってのお尻洗浄も安心、ラクラクだ！

在宅はいせつセット（全8点）

税込み19万5千円
（送料別・2010年6月時点）

多機能マットレス　アリス　凛	1台
交換用ビニールトイレ	1枚
吸水・防水全体シーツ	2枚
綿パッド	1枚
アリス便器	2個
吸水・防水横シーツ	3枚
股あきパジャマ　アリス　開	1枚
45リットルビニール袋	10枚

多機能マットレスのサイズは、長さ191×横83×高さ10センチで、一般的なマットレスのサイズ。それぞれは単品でも販売しているので、問い合わせてください。

問い合わせ先
アリスベッド株式会社
☎03-3226-5951
Fax 03-3226-1364
E-Mail: info@alicebed.co.jp
ホームページ
http://www.alicebed.co.jp/

これも金井さんの自信作！
『股あきパジャマ　アリス　開《かい》』

突然、排泄したくなっても大丈夫。ズボンを下ろさなくても、前も後ろも割れているから。そして、上のスカートが見えないようにお尻を隠してくれるのだ。

前　　　後

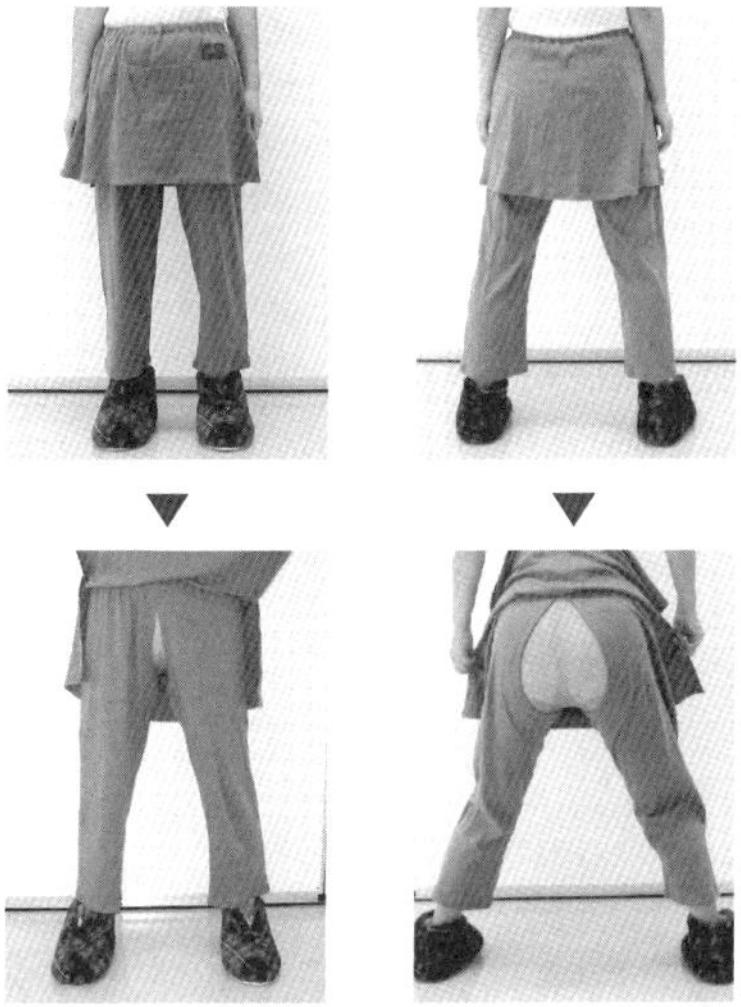

著者プロフィール

勝屋なつみ

かつやなつみ●フリー編集者・ライター
1954年生まれ。日本大学芸術学部映画学科撮影コース卒。フィルム編集、CMプランナーなどを経て、1983年マガジンハウス入社、2009年同社退社。在職中に、ムック『Dr.クロワッサン』を立ち上げる。雑誌『クロワッサン』元編集長。

トイレ付き介護マットレスが、
一台も売れない理由。

誰も語りたがらない ウンチとオシッコの話

平成22年6月30日　第1刷発行

著　者　勝屋なつみ
発行者　三輪 敏
発行所　株式会社シービーアール
〒113－0033　東京都文京区本郷2－3－15 元町館
☎03－5840－7561　FAX 03－3816－5630
E-mail cbr@cbr-pub.com

ブックデザイン●西部亜由美
イラスト●Haru
人物写真●千田彩子
印刷・製本●三報社印刷

ISBN 978-4-902470-63-5 C1036